《高效开展幼儿园教科研活动》
王聆◎主编┆30.00元

 《幼儿园可操作的区角活动180例》
王聆◎主编┆45.00元

 《幼儿园一日活动教育技巧50例》
王聆◎主编┆35.00元

 《幼儿教师这样上公开课》
王聆◎主编┆33.00元

 《幼儿园优秀学习故事50例》
王聆◎主编┆45.00元

 《幼儿园大型活动轻松做》
王聆◎主编┆35.00元

 《幼儿园家长工作沟通问题50例》
王聆◎主编┆35.00元

 《幼儿园早期阅读与绘本教学》
王聆◎主编┆30.00元

 《幼儿园家园合作全攻略》
王聆◎主编┆32.00元

 《做有智慧的幼儿教师》
王聆◎主编┆30.00元

 《幼儿园里的"问题小孩"》
天跃小芽图书工作室◎编┆32.00元

 《幼小衔接那些事儿》
天跃小芽图书工作室◎编┆32.00元

福建教育出版社　出版
地址：福州市梦山路27号
网址：www.fep.com.cn
以下人员真诚为您服务：
洪于群：0591-87115073　13906911673
宋晓强：010-62027445　13521842094

网上购买：
当当网、卓越、京东商城
福建教育出版社天猫旗舰店

薛　勇：0591-83733693　13959191662
刘荣煌：0591-83727027　13705942290

--关注有惊喜--　　--欢迎选购--

梦山书系

福建教育出版社
幼儿教育系列图书

全国幼儿教师培训用书（丛书主编：袁爱玲）

（共16本）

《幼儿园里的大自然（理论版）》
赵晓卫　田文娟◎著┊49.00元

《幼儿园里的大自然（实操版）》
赵晓卫◎著┊35.00元

《幼儿园文案轻松写》
张莉　李平◎编著┊26.00元

《幼儿园数学学具的设计与使用》
袁爱玲◎主编┊26.00元

《幼儿行为管理》
许琼华◎著┊35.00元

《幼儿教师教学基本策略（修订版）》
吴振东◎著┊32.00元

《幼儿园生活活动指导》
廖莉　吴舒莹
袁爱玲◎编著┊22.00元

《幼儿园民间体育游戏课程》
赵晓卫　李丽英　袁爱玲◎编著
┊28.00元

《幼儿教师如何做教科研》
王成刚　袁爱玲◎编著
┊28.00元

《幼儿园教学具设计与使用指导》
许凯　袁爱玲　崔丽娟◎编著
┊22.00元

《家园沟通的艺术》
席小莉　刘震旗
诸芳◎编著┊29.80元

《幼儿教师如何提升实践反思能力》
颜雪梅　单文顶　袁爱玲◎编著
┊26.00元

《国外幼儿教育考察》
李颖　吴小平　袁爱玲
王伟◎编著┊32.00元

《幼儿园体育器具开发与应用90例》
陈丽璇◎主编┊林哲莹◎副主编
┊39.00元

《幼儿教师心理调适》
蒋慧　吴舒莹
马梦晓◎编著┊19.00元

《幼儿园游戏指导策略》
单文顶　焦冬玲　袁爱玲◎编著
┊22.00元

梦山书系

说课

实战训练教程

· ·

唐海燕　林高明　编著

［ 幼儿教育卷 ］

海峡出版发行集团｜福建教育出版社
THE STRAITS PUBLISHING & DISTRIBUTING GROUP

图书在版编目(CIP)数据

说课实战训练教程.幼儿教育卷/唐海燕,林高明编著.
—福州:福建教育出版社,2013.7(2022.8 重印)
ISBN 978-7-5334-6075-4

Ⅰ.①说… Ⅱ.①唐… ②林… Ⅲ.①学前教育－说
课－教学研究 Ⅳ.①G424.21

中国版本图书馆 CIP 数据核字(2013)第 102602 号

Shuoke Shizhan Xunlian Jiaocheng(You'er Jiaoyu Juan)

说课实战训练教程(幼儿教育卷)

唐海燕 林高明 编著

出版发行	福建教育出版社
	(福州市梦山路 27 号 邮编:350025 网址:www.fep.com.cn
	编辑部电话:0591-83726908 83727542
	发行部电话:0591-83721876 87115073 010-62024258)
出 版 人	江金辉
印 刷	福建东南彩色印刷有限公司
	(福州市金山工业区 邮编:350002)
开 本	710 毫米×1000 毫米 1/16
印 张	13
字 数	192 千字
版 次	2013 年 7 月第 1 版 2022 年 8 月第 10 次印刷
书 号	ISBN 978-7-5334-6075-4
定 价	29.00 元

如发现本书印装质量问题,请向本社出版科(电话:0591-83726019)调换。

目　录

第一章 幼儿园说课的基本知识

第一节 幼儿教师说课的意义和作用

"一滴水中见阳光,一节课中现思想。"说课作为一种有效的园本教研方式,是幼儿教师以自己的课堂教学为分析对象,对自身教育教学行为及其产生的结果进行理性审视与分析,并将课堂中教育教学行为背后所隐藏的教育思想呈现出来的过程;是幼儿教师从经验型教师走向研究型教师的必由之路,是促进幼儿教师研究共同体形成的路径与载体,也是促进幼儿园教育教学质量提升的有效举措。

集备中说、说中评、评中研、研中学为一体的说课,是理论与实践相结合的桥梁,它不仅可以了解、研究和评价教师一节课的教学,对于专题研究某一教学现象也有着重要的作用。

一、幼儿教师说课的意义

1. 说课有利于教师个体的专业成长。在传统的教学活动中,幼儿教师一般只会根据自己的教学经验与各活动领域的特点设计出相应的教学过程与环节,往往以"怎么教"的思路来设计教案、完成教学,很少从理性的层面来思考"为什么要这样教",以及"这样教的依据和原理是什么"。而说课则是变传统的经验备课为理性备课,是教学预案的理性化过程。它要求幼儿教师既要有扎实的本体性知识，即各领域的学科知识（既包括显性的可言传的健康、语言、社会、科学、艺术等方面的知识，也包括隐性的默会知识即能力、素养，是两者的统一体），又要有较丰富的条件性知识，即教育学、心理学等方面的理论知识，同时还要具有较强的理论联系实际的应用能力和研究能力。因此，教师为了说好课，为了彰显自我的教学特色和教学主张，不仅要认真钻研各领域的教材，精通《幼儿园教育指导纲要（试行）》的相关要求，还要自觉学习有关的教育教学和心理学等方面的理论与知识，用理论来指导、阐述自己设计教学过程和各环节的依据与原理，即知其然也知其所以然，从而确保预案设计的科学性和适切性。

幼儿园年轻教师通过说课，对教材的理解会更为精准，对课堂教学结构的构思会更为科学，对儿童的研究会更为深刻。说课不仅能迅速提升他们的独自备课能力，还能提高他们的理论素养。幼儿园骨干教师通过说课，对教育教学理论的学习与运用会更为自主，对自我教学主张的梳理与提炼会更为科学。说课不仅能促使他们形成自己独特的教学风格，还能使他们尽快地朝着研究型、专家型教师迈进。

2. 说课有利于同侪互助团队的形成。众所周知，整体的属性和功能大于各孤立部分的总和。一个具有良好社会心理氛围的教师团队，在幼儿园教育教学工作中所发挥的作用就不是教师个人作用的简单代数和，而是有着更大的、质上全新的作用和功能。同侪互助是指两个或多个教师一起，共同反思当前的教学实践，相互教导，共享经验，共同参与教学研究，并在工作中共同解决实际问题，从而获得共同的成长。

在传统的教学活动中，幼儿教师常常囿于自己的"一亩三分地"中，在"我的班级我做主"的思想指导下日复一日地重复着自己的教学，教师个人所获得的教育教学经验相对比较狭隘，不够丰富与完善。说课则不同，它为教师个体与群体之间搭建了相互学习、相互交流、相互研究的平台，能够实现"观摩他人的说课，就是为了自己更好地说好课，更好地解决大家所遇到的问题"的目的。因为在当下的教育教学实践中，有着一系列需要解决的问题与困惑，而这些问题和困惑，凭借教师个人的力量是难以解决的，需要通过教师群体的努力才能达成。在说课的过程中，教师通过深刻剖析自己的教育教学行为，展现自己对教学的整体感知和理解，从而引发其他教师对这个问题的思考和判断，并在相互交流与碰撞中共同完善对问题的认识和看法。

幼儿园年轻教师在此过程中，不仅能够分享到教师群体的智慧和经验，深化对说课活动的认识和理解，还能体验到共同研究的快乐；幼儿园骨干教师在此过程中，不仅能够充分发挥自己的示范带头作用，还能在对话与思辨中进一步升华自己的教育理念与教学思想。这是一个共融共生、容错与融错的过程，在融入不同的观念、认识和看法的过程中达到共生共长的目的。

3. 说课有利于提高园本教研的实效。在传统的幼儿园教研活动中，一般从备课与上课这两个环节来判断教师教育教学理念正确与否，衡量教师教育教学水平的高低差异。备课笔记更多体现的是教师个人对某一活动的理解和构思，至于这种理解和构思是否科学和准确，是否能够很好地彰显各领域活动的特性，是否符合幼儿的年龄特点，则要通过活动的开展才能够知晓；而在以往的上课活动中，听评课双方在上课前并没有进行很好的沟通与交流，听课教师不一定完全明白授课教师的教学意图，上课的教师常常被作为教学研究的对象，处于一种比较被动的状态，从而导致教研活动的实效性不高。

而说课是介于备课与上课之间的一个相对独立的教学活动与环节，它使得教师的教学构思从隐性思维走向显性思维，从静态思维走向动态思维，从个体的独立劳动走向群体的合作劳动。通过说课，让授课者说出自己的教学意图，说清这样设计的缘由及理论依据，使听课者不仅明白应该怎么做，为什么要这么做，还可以凭借个人的经验和理解对说课者的构思与理论依据进行价值判断，如此循环反复，使得园本教研充满了研究的意蕴，从而更加凸显了活动的实效。同时，利用说课不受时间、场地及幼儿情况等限制的优势，还可以开展针对某一教学主题、某一个教学方法的运用或教学目标该如何表述等方面的专题研究，使得活动的重点、主题更为突出，效果更为鲜明。

说课这种园本教研方式，为幼儿园年轻教师的快速成长搭建了一个很好的平台，它缩短了年轻教师靠个人长期探索积累经验的时间，让他们通过研究和借鉴身边优秀教师，迈入专业发展的快车道。而幼儿园骨干教师则可以说课为支撑点，翘起自我发展的新的起点，从而更为智慧地教学与生活。

二、幼儿教师说课的作用

说课是理论与实践相结合的桥梁，是教师教学研究活动中理性思考与话语交流的平台，说课能力的高低在很大程度上反映着幼儿教师教育教学能力的高低，它在提升教师专业素质、园本教研实效等方面发挥着很大的作用。

1. 考量评价的作用。对幼儿教师教育教学效果的评价可以通过说课、听课和观察幼儿在活动中的表现来获得。说课是一种简便易行、利于沟通交流且实效性比较高的教研方式，因而常常被用作选聘新教师、职称评审、学科带头人与骨干教师评选以及各级各类教育教学竞赛的一种有效手段。通过说课可以考察新教师教育教学理论功底、专业技能发展水平、文化知识掌握情况等，还能由此判断个人其他方面的素养，如是否自信、大方，语言表达是否清晰等等，从而对新教师进行相对真实与准确的评价，因此说课的情况常常成为选聘教师的一个重要的参考依据。在各级各类教学竞赛活动中，往往采用说课的方式选拔出教学构思较为精巧、理论功底较为深厚、表现能力比较强的选手进入下一轮的比赛，因而说课也成为教育教学竞赛的一个关键环节。在职称评定、各级学科带头人与骨干教师评审时，说课往往成为考量教师是否具备相关条件的重要因素之一。

2. 诊断把脉的作用。任何教师的教育教学都不可能做到尽善尽美、完美无缺，因为课堂教学改进的历程永远没有终点，因此我们可以通过说课这种便捷的研究方式，组织教师分专题或针对某一个具体问题进行诊断活动，促使不同类型教师的不同发展。新教师往往找不到自己教学的症结所在，有劲使不到正确的地方去，因此，可以组织有经验的老教师来听他们说课，然后根据他们说课的情况诊断出他们存在的问题，提出相关的建议，并指出今后学习与研究的方向。处于发展高原期的教师，往往找不到教学发展的突破口，常常觉得迷茫与困惑，这时可以组织教育方面的专家来听他们说课，给他们把脉，诊断出他们的问题所在，并结合其他方面的情况，如课堂教学的情况、理论素养的水平等，为其发展出谋划策，使他们明晰今后需要努力的方向，从而促使他们走上专业发展的高速路。

3. 反馈调控的作用。管理者及区域幼教教研员通过组织教师说课，可以及时了解本地区、本单位不同发展阶段教师的专业发展情况、对教材的掌握情况以及教学态度等方面的问题，并根据教师的不同情况有针对性地开展园本教研活动，努力提高活动实效。在此过程中，管理者与区域幼教教研员个人也要加强自身素养的提升，不仅要熟悉幼儿园各领域的内容与目标、《幼儿园教育指导纲要（试行）》的相关要求以及教育教学、心理学理论等，而且要对课堂教学的原理和策略、课程改革的要求等十分熟悉，只有这样，才能在说课活动中更好地发挥导向与引领作用。而教师个人通过说课，一是可以及时反思自己教学中的成功、失败或不满意的地方，以期在今后的活动中予以改进；二是可以其他教师的说课为镜，找出自己与他人在教学设计、理论思考、临场表现等方面的优势与差距所在，并分析他人设计与思考的缘由，从而弥补自身不足，不断提高理论运用于教学实践的水平。

4. 深化研究的作用。其一，深化理论。只有在一定理论指导下的说课才能使教师的教学设计具有一定的厚度和内涵，离开教育教学理论的指导，说课将显得苍白而肤浅。通过说课，可以加强说课者学习教育教学理论的自觉性，提高观察研究儿童的主动性，促进教学反思的积极性；同时对于评课者来说，为了做到"打铁先得自身硬"，评别人的课，自己势必也得懂行，也得钻研教材，学习理论。因此，有目的有计划的说课活动必将推动教师的教育教学从感性走向理性与成熟。其二，深化备课。说课是将教师的备课思维外显化、备课行为立体化、备课环节研究理论化的过程。说课以其独特的思维方式和表现形式，把备课环节从只偏重于课堂如何施教的具体操作的层次，提升到操作性与理论指导性相结合的层次。然而，说课绝不是将部分理论进行简单的堆砌与叠加，而是要在浩瀚如烟的理论宝库中精心选择与拟施活动相贴切的理论，用适宜的理论来审视、考查和分析将要施行的课堂教学行为，把备课与说课融为一体，在此过程中，促进教师从经验型走向研究型、专家型。其三，深化教研。说课这种把个人研究与团队研讨融为一体的活动，既能彰显个人的教学风格，体现个人的教学主张，又能凝聚众人的智慧。在说课过程中，说课者往往会抛出一些有争论性或困惑性的问题，让大家开动脑筋，进行多向思维，使得听评双方在集思广益、博采众长的过程中，进一步丰富深化对问题的认识，并能提出改进教学、提高质量的策略与措施，从而促使园本教研向更深处漫溯。

5. 终身发展的作用。终身学习已成为当下幼儿教师可持续发展的必由之路。说课无疑在幼儿教师终身发展的进程中发挥着不可或缺的作用：一方面，通过说课活动，可以极大地调动广大幼儿教师深入学习教育理论，深入钻研教学业务的积极性和主动性，并能有效地解决幼儿教师只教不研，教学与研究相脱节的问题，从而拓展继续教育的路径，提升继续教育的质量。另一方面，通过开展教什么、怎么教、为什么要这样教以及教得怎么样的说课研讨，能使园本培训的内容更加充实，针对性更强，实用性更大，教师收益更多。同时，在区域或幼儿园分层、分专题的培训中，说课以其灵活的形式、示范性的特点，能针对不同发展阶段、不同发展水平的教师发挥不同的培训功能，使得每一位教师都能在原有的基础上得到相应的提高与发展。

第二节　活动目标的讲述

"活动没有目标就像航海没有指南针。"活动目标是指教学活动实施的方向和预期达成的结果，是一切教育活动的出发点和最终归宿。有了活动目标，教育活动的设计与安排、教育活动的组织与开展才有一个基本的依据；有了活动目标，活动内容的选择、教法与学法的运用、效果的评价也就有了原则和范围。因此，活动目标是说课的灵魂，发挥着统摄与引领的作用。一般来说，在介绍活动目标时要解决好以下两个问题：

一、阐述活动目标确定的依据

《幼儿园工作规程》、《幼儿园教育指导纲要（试行）》以及最新颁布的

《3－6 岁儿童学习与发展指南》是教师设计活动目标时应遵循的根本依据。《幼儿园教育指导纲要（试行）》中各领域的目标和要求是国家为管理和评价课程而制定的，是确定各年龄段课程水平及课程结构的纲领性文件。《3－6 岁儿童学习与发展指南》分别对 3－4 岁、4－5 岁、5－6 岁三个年龄段末期幼儿应该知道什么、能做什么，大致可以达到什么发展水平提出了合理的期望。因此，活动的目标是依据领域目标以及指南要求来设计的，领域目标和指南要求应贯穿和体现于活动目标之中。

新课程背景下的教学与传统教学的一个较为明显的区别所在，就是活动目标的确立必须是多元的，要从知识与技能、过程与方法、情感态度与价值观三个方面来设计。知识是指事实、概念、原理、规律等，技能是指动作技能以及观察、阅读、计算、调查等技能；过程与方法是指认知的过程和方法，科学探究的过程和方法，认知过程中人际交往的过程和方法，特别强调在过程中获得和应用知识，学习和运用方法；情感态度与价值观，一般包括对己、对人、对自然及其相互关系的情感、态度、价值判断以及做事应具有的科学态度、科学精神。确定教学目标的内容范围时，一定要全面考虑三个领域，不可有所偏废，而在具体的每节课中，教学目标又要有不同的侧重点。[①] 而在阐述这三方面目标时，又要阐明这三个目标是一个有机融合的统一体。因为幼儿园教学活动的本质就是要使幼儿得到全面、和谐、持续的发展，而幼儿的身心发展不仅仅表现在身体、认知、能力、情感等个别属性上，还表现在幼儿整体内在身心结构及其质量水平上。身心发展的整体性要求实施整体性教育，而整体性教育必须由整体性的课程来支持，整体性课程必须通过整体性的活动目标来实现。因此，教师设计活动目标时应以新课改的理念为引领，确立多元而融合的目标。

幼儿园教学和中小学的显著差异在于，中小学教师的专业是相对固定的，有语文、数学、英语及其他学科之分，而幼儿教师则以主题、综合、整合教

---

① 王延玲. 关于新课程教学目标设计的四个提醒，中国教育报，2003-12-25.

学为主，且整合、综合不是健康、语言、社会、科学、艺术五大领域的简单拼凑相加，而是在准确把握各领域特质基础上的有机渗透和融合，但在各领域教学中，仍要强调该领域的特质。如：语言活动中的幼儿语用能力的培养，数学活动中幼儿思维能力的培养，科学活动中幼儿探究能力以及科学精神的培养等等。

幼儿的已有经验是设计活动目标时应遵循的重要依据。奥苏伯尔指出："假如让我把全部教育心理学仅仅归纳为一条原理的话，那么，我将一言以蔽之：影响学习的唯一最重要的因素就是学生已经知道了什么，要探明这一点，并应据此进行教学。"因此，在设计活动目标时，教师要充分考虑幼儿的已有经验，并在此基础之上设计具有悬念和适度挑战性的目标，只有这样，才能促使每个幼儿在原有基础上得到相应的发展。

二、明晰活动目标的具体内容

活动目标是教学中师生通过教学活动预期达到的学习结果和标准，是对学习者通过学习后能做什么的一种明确的、具体的要求。一个活动目标设计得越具体、越有条理，反映执教者对本次活动的考虑越充分，认识越深刻。而以往的活动目标设计，存在一个最大的不足就是活动目标不可观测、目标陈述含糊不清，常常把活动目标设计成一些套话、空话，是一些放之四海而皆准的目标，如"培养幼儿的观察力、想象力和语言表达能力"、"使幼儿掌握……知识"、"养成幼儿……好习惯"、"培养幼儿……品质"等等。尽管这类目标也含有期望幼儿经过学习后产生一定变化的意向，但它并没有包含检查幼儿实际是否达到上述意向的标准，而且这些目标基本都指向于个人的基本素质，因而也是较为含糊笼统的。这样的目标在教育活动的过程中，乃至教育活动结束后是很难检验的。这样的目标也不足以对教育活动起导向、控制作用，也会使教育活动的评价失去可靠的依据，从而使得活动目标应有的评价功能大打折扣。

活动目标内容的陈述除了应该是策略性的、可观察和测量之外，还要做到活动目标主语的表述一致，尽可能地要以幼儿为主体，因为新课改的一个最大的特点，就是由注重教师怎样教变为更加重视幼儿的"学"和"学的效果"。因此，在表述活动目标时，要把幼儿当做行为的主体，以行为目标的方式进行具体、精确的陈述，使得活动目标具有较好的清晰度，保证目标的可测性，使得评价具有直接的"标杆"。以下为一些幼儿园教育活动目标的讲述。

☆**大班语言活动《母鸡萝丝去散步》目标阐述**

《母鸡萝丝去散步》是一本畅销中外的经典绘本，书中寥寥无几的文字讲述了一只名叫萝丝的母鸡出门去散步的平淡无奇的故事，而丰富生动的画面却描绘了一只倒霉的狐狸追逐萝丝却屡遭失败的情节。书的文字与画面形成了幽默、诙谐的对比，颇具有喜剧的色彩，很适合充满好奇、探究精神的大班幼儿阅读。《幼儿园教育指导纲要（试行）》指出：幼儿的语言能力是在运用的过程中发展起来的，发展幼儿语言的关键是创设一个能使他们想说、敢说、喜欢说、有机会说并能得到积极应答的环境。这个文字偏少而画面丰富的经典绘本，为幼儿充分想象、自由表达提供了机会与平台。根据该绘本的特点以及大班幼儿的年龄特点，可制定如下活动目标——

认知目标：在仔细观察画面的基础上，能运用已有的生活经验，大胆想象、推测并用较为完整的语言表达自己对故事情节的理解。

能力目标：能用较为准确的动词与形容词描述绘本中的人物动作与形象特征。

情感目标：在适当运用拟声词描述故事情节的过程中，体验绘本的风趣、诙谐与幽默。

☆**大班社会活动《团团圆圆过中秋》目标阐述**

中秋节是中华民族的传统佳节，也是孩子们非常熟悉的一个节日。中班时已经开展过"庆祝教师节"、"迎接新年的到来"等节日活动，因此，大班孩子对节日活动已经有了较为丰富的认知与感受。《幼儿园教育指导纲要（试行）》明确指出：社会领域的教育具有潜移默化的特点，要创设一个能使幼儿感受到接纳、关爱和支持的良好环境，避免单一呆板的言语说教。针对大班幼儿的已有生活经验和年龄特点，可制定如下活动目标——

认知目标：在和家长共同收集资料的过程中，了解中秋节的由来及习俗，知道中秋节是家人团聚的节日。

能力目标：能主动与同伴或家人交流、分享自己的感受与体验，并能在集体面前大方地表演。

情感目标：感受与教师、同伴、家人共庆佳节的快乐，萌发爱教师、家人、同伴的情感。

☆大班歌唱活动《国旗红红的哩》目标阐述

歌曲《国旗红红的哩》是大班热爱祖国主题活动中的内容之一，它旋律优美、内容生动，描述了孩子观看升国旗时激动的心情，是很好的爱国教育素材。而音乐是儿童表现情绪、表达情感的最好方式。引导幼儿感受美、表现美的情趣，丰富他们的审美经验，使之体验自由表达和创造的快乐，是幼儿园音乐活动的重要功能所在。针对他们的已有生活经验和年龄特点，可制定如下活动目标——

认知目标：感受乐曲欢乐、热烈的情绪，学习用跳跃、欢快的歌声演唱歌曲。

能力目标：体验歌曲节奏 ×××｜××0｜×× 0×｜×—｜，学习前半拍休止后半拍起唱的方法。

情感目标：积极参与演唱活动，体验多种形式演唱歌曲的快乐。

☆中班美术活动《爸爸的领带》目标阐述

众所周知，在孩子的成长过程中，父爱是不可或缺的。针对当前在孩子的抚养教育中过于强调母爱的崇高，而弱化父爱的状况，我们在班级内开展《亲亲一家人》的主题活动，而《爸爸的领带》则是活动内容之一。爸爸的领带是孩子比较熟悉的生活用品，它可用简单的线条和色彩来表现。中班幼儿已经在教师的指导下，积累了一定的观察物体的经验，并能用简单的线条来表现葡萄、苹果等水果，还能用各种颜色和团、压、搓等技能制作水果、点心等物品，这些都为幼儿自由表现爸爸的领带奠定了良好的基础。针对中班幼儿的已有经验和年龄特点，可制定如下活动目标——

认知目标：在和爸爸准备领带的过程中，欣赏各种领带的图案和色彩。

能力目标：在观察、讨论的基础上，能尝试用线条组合勾勒出领带的外形，并能用自己喜欢的色彩进行装饰。

情感目标：积极参与设计活动，体验给爸爸设计、制作礼物的快乐。

☆中班科学活动《有趣的转动》目标阐述

转动是孩子生活中最为常见的现象，如电扇的转动、陀螺的转动、风车的转动、旋转木马……这些现象深深地吸引着孩子们。《幼儿园教育指导纲要（试行）》中指出：科学教育应密切联系幼儿的实际生活进行，利用身边的事物和现象作为科学探索的对象。因此，在孩子已经探索、研究过风车转动的现象之后，可以通过提供更为丰富的材料，让幼儿通过操作、感知去发现，生活中所有的物体只要借助一定的工具都能转动起来，激发幼儿对生活中转动现象进一步探究的兴趣与愿望。根据中班幼儿好奇、好探究的年龄特点和已有的生活经验，可制定如下活动目标——

认知目标：对转动这一科学现象感兴趣，初步了解转动在日常生活中的应用。

能力目标：能借助一定的工具让一些生活物品转动起来，并能用较为完整的语言表达自己在活动中的发现。

情感目标：主动参与探究活动，体验让生活中的物体转动所带来的快乐。

☆小班数学活动《认识圆形》的目标阐述

圆形的物体在孩子的生活中随处可见，圆形的玩具、圆形的饼干、圆形的脸盆等等，它们引发了孩子们对物体形状的感知与探究。而引导幼儿对周围环境中的数、量、形、时间和空间等现象产生兴趣，建构初步的数、形概念等，是数学领域的重要内容。因此，针对小班孩子已有的生活经验和年龄特点，可制定如下活动目标——

认知目标：能正确说出圆形的名称。

能力目标：通过观察、操作，能从各种形状的物体中找到圆形的物体，并能用短语"×××是圆形"来表述。

情感目标：主动参与有关的操作活动，体验按要求找到圆形物品的快乐。

☆小班健康活动《网鱼》的目标阐述

针对刚刚入园的小班孩子还不能很好地适应集体生活，对教师的相关要求和指令还不能很好地理解的现状，我们可通过多种途径来培养孩子良好的行为习惯。《网鱼》是个趣味性比较浓的游戏，要求幼儿在儿歌最后一句话的末尾处开始逃脱渔网，对小班孩子充满了诱惑。针对小班孩子的年龄特点和幼儿园健康领域教育的相关要求，可制定如下活动目标——

认知目标：在游戏中能按照指令四散跑开。

能力目标：会倾听要求，能在儿歌最后一句话的末尾处从"网"中迅速"游"出去。

情感目标：主动参与游戏中，体验游戏所带来的快乐。

综上所述，活动目标的阐述应遵循以下思路进行：一要尽量以课程标准的总目标以及各领域特性、幼儿的已有经验等为指导，结合活动主题要求说活动目标，指出目标确定的依据；二要按知识与技能，过程与方法，情感、态度、价值观三个维度具体分解活动的目标，切勿以活动所属领域和主题的活动目标取代活动的具体目标；三要从"幼儿学到什么、获得什么、悟出什么"的角度表达，不能用"教师教什么、怎么教"来表达；四要有相应的量化指标；五是语言的表达要简单、明了。具体的教学目标都是预设的，统领所有的教学环节，因此，活动目标要便于说课的实际操作，应是对具体活动内容、活动过程、活动结果的抽象概括，其语言表述要有概括性、指向性和动作性。

第三节　活动准备的讲述

"兵马未动、粮草先行"，充分的活动准备是一个教学活动能否取得实效的前提和保证。说活动准备，就是要把为完成活动目标而进行的相关准备说清楚、说明白，这不仅能让听课者了解说课者对活动的准备是否充分与适宜，还能反映出说课者是否具备新课改所倡导的一些理念，如是否具有一定的课程资源意识和课程开发能力，以及是否具有正确的儿童观、教学观等等。幼儿教师在说活动准备时，一般可从环境创设、材料提供、知识经验等方面加以阐述。

一、营造良好的教学环境

《幼儿园教育指导纲要（试行）》指出："环境是重要的教育资源，应通过环境的创设和利用，有效地促进幼儿的发展。"幼儿园教学环境是重要的课程资源和交流平台，在幼儿园教育中起着至关重要的作用。因此，创设与活动相适应、与幼儿年龄特征相适宜的教学环境，可以引发幼儿参与活动的积极性与创造性。

1. 创设与活动相关的墙饰。苏霍姆林斯基曾说："无论是种植花草树木，还是悬挂图片标语，或是利用墙报，我们都将从审美的高度深入规划，以便挖掘其潜移默化的育人功能，并最终连学校的墙壁也在说话。"让每一面墙壁都会说话，充分发挥墙饰的育人功能，已成为当下广大幼儿教师的共识。在幼儿园语言、艺术、社会以及健康等领域活动中，我们可以围绕主题，和幼儿、家长一起创设主题墙，把创设好的墙饰作为教学资源之一。由于墙饰是幼儿亲自参与制作的，他们自然会对墙饰充满喜爱之情，也更乐于和墙饰进行交流与互动，从而增强参与活动的主动性和积极性。

如在开展大班语言活动《我长大了》时，活动前可以让孩子从家中带来他们小时候的照片，以及穿过的衣服、鞋袜，玩过的玩具，用过的奶瓶、小杯子等物品，然后教师和幼儿一起把这些照片和物品布置成"我长大了"的主题墙。活动时，可以让幼儿互相猜猜墙上的照片是谁，并引导幼儿用"小时候，我……现在我长大了，变得……"的语言在集体面前讲述自己的变化，或用"我长大后想……"的句式表达自己的美好愿望。

如在开展大班健康活动《辨认安全标志》时，活动前可以让幼儿从网络、废旧图书、报纸等途径收集相关的标志，然后教师和幼儿一起把这些标志布置成"各种各样的标志"的主题墙。活动时可让幼儿讲述自己所认识的标志以及这些标志的作用，同时随着活动的开展还可以让幼儿为自己的班级或幼儿园设计不同的标志，并把这些标志逐步增添到主题墙中去，不断丰富墙饰的内容，激发幼儿继续研究不同标志的兴趣。

2. 布置活动所需要的场地。活动场地安排得是否妥当也是教学活动能否顺利开展的前提和保证。幼儿园不同领域的教学活动所需要的场地布置不同，我们可以根据学科领域的特性和幼儿的年龄特点布置相应的场地，让幼儿在合适的场地中自如地活动。

在幼儿园科学教育领域活动中，由于幼儿所需要操作的空间比较大，考虑到幼儿注意力容易被丰富的材料吸引，我们可让幼儿围坐成半圆形，把操作材料放幼儿背后或前面的空地中，集中交流时幼儿坐在座位上，探究操作时幼儿再到空地上操作。这样的安排，不仅使得幼儿操作充分，而且集体交流时也不会受到材料的干扰而影响交流的效果。

幼儿园音乐活动涉及的内容比较多，如唱歌、欣赏、舞蹈、音乐游戏等，它们对场地的要求也是不完全一样的。在唱歌教学中，我们一般可以根据班级幼儿的实际情况，让幼儿围坐成半圆形或排成几排进行教学，而在舞蹈教学或音乐游戏活动中，可以让幼儿围成一个大半圆或围成马蹄形，有充分的空间尽情地舞蹈或游戏。

在幼儿园健康教育活动中，教师要根据每个活动内容的具体要求，对室外的场地进行妥善的安排，如在中班《蜗牛走路》活动中，要用笔在场地上画出若干条直线和一个像蜗牛形状的圈形图，并注意两者之间的距离，使得幼儿能自由地在教师所创设的情境中快乐地游戏。

二、提供丰富的操作材料

皮亚杰提出，"儿童的智慧源于操作"。幼儿是在对材料的操作、摆弄过程中建构自己的认知结构的。因此，教师应根据各领域活动特点和具体教学活动的要求，以及幼儿的不同发展要求提供丰富而有层次的材料，并根据教学的具体要求可让幼儿、家长参与材料的准备、制作过程，从而更好地激发幼儿参与活动的愿望。活动材料一般包括教师用的教具和幼儿用的学具，在阐述活动材料的准备时，可从以下方面进行——

1. 注意材料的实用性。简单、实用是教师准备教具和学具时应遵循的原则之一。充分发挥教具和学具在活动中的实际价值，尽可能地让这些教具和学具的使用贯穿于活动的全过程，这样的材料能够帮助我们更好地实现预设的教学目标。有些教师过于追求材料的新颖、变化，一会儿出示这个教具，一会儿出示那个教具，不仅分散了幼儿的注意力，还使得教师把过多的时间浪费在教具的制作上，而用于研究学情、分析教材的时间大为减少，这样既浪费时间效率又不高。对完成目标没有很大作用的教具我们应尽量避免使用。

如在中班科学活动《有趣的磁铁》中，可以为幼儿提供人手一份磁性纽扣；铁制品若干，如人手一份回形针、秃头小剪刀、铁夹子；非铁制品若干，如人手一份木头夹或木头积木、纸质动物卡片、塑料雪花片等。这些材料在活动导入，以及区分哪些东西能够被磁铁吸住哪些不能被磁铁吸住，如何让纸质的动物卡片也能够跳起舞蹈来等环节中，都能充分地发挥作用。而有些教师虽然在导入部分组织幼儿玩了钓鱼的游戏，但游戏一完，教师精心制作的钓鱼教具就扔在了一边，在后面的教学中再也没有发挥应有的作用。

2. 注意材料的结构性。所谓有结构的材料，就是这些材料暗含着教育者的教育意图，是教师经过精心设计的典型材料的组合。这种材料的组合，既能揭示教学内容有关的一系列现象，体现教材的科学性，又符合学生年龄特征和认知规律，贴近幼儿的日常生活，还具有一定的趣味性，使幼儿喜欢，并有能力通过对材料的探索来发现问题，解决问题，获取新知。

如中班科学活动《好玩的纸球》，其活动目的为：喜欢玩报纸，积极探索报纸的不同玩法；能想办法把报纸变成纸球，并能探索出固定纸球的方法；体验成功的快乐。教师可以为幼儿提供若干报纸，以及乒乓球拍、篮球架、足球门等材料，而这些乒乓球拍、篮球架、足球门与报纸之间有着内在的关联，是教师为了启发幼儿把报纸变成球而特地提供的，暗含着教师鲜明的教育意图。

3. 注意材料的层次性。幼儿的发展是有个体差异的，因此，各项活动中投放的材料也应满足不同发展水平幼儿的操作需要。教师可按班级幼儿的不同发展水平，提供多种具有不同功能、不同难度的材料，允许他们从不同的起点按不同的要求、不同的速度选择，逐步达到发展目标。对于同一目标内容，材料的难度也应有层次差异，以满足每一个幼儿的需要，开发每一个幼儿的最近发展区。

如中班语言活动《小猪变形记》，当教师和幼儿共同讲述了小猪变成小鹿、斑马后，可以出示若干张图片，如小猪变成大象、变成小鸟等图片，让幼儿根据自己的情况自由讲述，能力强的幼儿可以把所有的图片都完整地讲述出来，而能力弱一点的孩子可以选择自己喜欢的动物来讲述。

再如大班数学活动《5的组成》，除了为幼儿准备人手一份1—5的数字卡片，以及3种小动物的图片各5张以外，还可以为幼儿准备6的数卡，数量为6或3、4的小动物卡片并把它们放在另外一张桌子上，让数学能力发展好的幼儿可以自己操作学习6的组成，同时也可以让能力水平较弱的幼儿继续复习3和4的组成。

4. 注意材料来源的多渠道。教具和学具准备的过程，不仅是幼儿参与学习的过程，也是家长了解幼儿教育的渠道与途径。因此，教师应积极地帮助幼儿成为材料准备的主人，引导幼儿和家长广泛地参与到材料准备、制作与装饰等活动中，充分发挥幼儿、家长、社会等教育资源的作用，放大教育活动的效果。

如在大班社会活动《祖国是个大家庭》中，活动前，可以让幼儿和家长一起收集各个民族的照片、服饰、土特产，以及关于各民族文化的影像资料，活动时可以邀请家长和幼儿共同穿上不同的民族服饰，举行民族大联欢活动，感受各个民族不同的文化特性，体验祖国大家庭的温暖。

再如在中班社会活动，活动前可以让幼儿和家长一起表演，并拍摄成视频带到幼儿园，同时提供全家福照片。活动时，可以邀请爷爷奶奶或爸爸妈妈来幼儿园参与活动，活动中播放视频，让幼儿介绍自己一家的快乐事情或现场表演等，感受家庭的其乐融融。

三、了解幼儿的基本情况

"零起点的教学是不灵的。"幼儿是活动的主体，教师对幼儿的了解程度直接关系到活动的效果。教师在说课时，要将自己对学情的分析作为重要内容，这既反映教师教学设计的基本出发点，也能体现教师是否切实将以幼儿发展为本的教学理念真正落实到了实处。

学情，涉及的内容非常宽泛，幼儿各方面的情况都有可能纳入进来，幼儿现有的知识结构、兴趣点，幼儿的思维状况，幼儿的认知状态和发展规律，幼儿的个性、学习动机，幼儿的生活环境等等，都是教师把握学情的切入点。但教师说课时，并不见得要面面俱到，而是要选择与本活动设计密切关联，同时也是自己在教学设计时确实加以考虑的内容，作为说学情的对象。一般在说学情时，可从以下三个方面来阐述：

1. 分析幼儿原有的知识基础。幼儿园小中大班各领域的教育内容，一般是遵循孩子的年龄特点和身心发展水平，按照循序渐进的原则来编写的。尤其是数学、语言、健康、艺术等领域，幼儿在学习、感知某一个新知识的时候，他们总是拥有着与此相关的知识与经验积累，如，在学习《6的组成》的时候，他们其实已经具有了2、3、4、5组成的知识基础；在创编儿歌或故事时，幼儿对儿歌的内容、故事的情节已经有了较为深刻的理解；在进行剪纸造型时，幼儿已掌握了用剪刀剪东西的技能；在开展运西瓜的游戏时，幼儿已掌握了拍球的技能……因此，教师应从幼儿的认知发展水平和已有的生活经验出发，正确把握各领域教学活动的起点，以确保教学的针对性、适切性和实效性。

2. 分析不同年龄阶段幼儿的特点。不同年龄阶段幼儿各方面的发展水平是不一样的，同一年龄阶段幼儿各方面的发展也存在着一定的差异，主要表现在认知规律、学习方法、思维发展水平等方面。如小班幼儿的思维发展水平处于前运算阶段，他们的思维加工以图形为主，并初步涉及符号，思维加工能力还是以认知、记忆为主；中班幼儿的思维加工材料仍以图形为主，但符号加工得到较大发展，思维加工能力以认知、记忆为主，但发散思维、聚合思维、评价能力偶有体现；大班幼儿的思维加工材料和能力得到较大发展，对图形、符号、语义、行为的加工都有涉及，认知、记忆、聚合思维、发散思维、评价在思维活动中都有体现等等。如果能清楚地了解不同年龄阶段幼儿乃至班级中不同幼儿的思维、语言、技能等发展水平，那么教师只要在问题的关键处稍加点拨就可以推动幼儿的发展。

3. 分析幼儿可能会遇到的困难。任何一个教学活动的实施过程与教师的预设总会产生一些偏差，当偏差在教师可以掌控的范围内时，教师就可以沿用原本的设计思路进行教学，教学流程一般就会比较流畅自如。但当幼儿的现场反应与教师预设之间的偏差较大时，那么原本的设计方案就要及时地调整，如果不顾幼儿的反应一味执行原有方案，那么不仅不能取得良好的教学效果，还会对幼儿的发展造成一定的负面影响。因此，教师在活动前应当尽可能估计出幼儿在学习过程中可能会遇到的各种困难，这样就可以针对每一种问题采取相应的策略，使得预设与生成动态结合，从而有效地达成活动目标。

如大班语言活动《城市老鼠和乡下老鼠》，现实生活中，城乡孩子一般都被束缚在家中，他们可能对故事中所描述的乡村情景了解不深，因此，教师要在活动之前对班级幼儿的生活情况作充分的了解，并准备好相应的图片或视频让幼儿能直观地感受城乡之间的差异，从而使得他们能更好地用语言来表达自己的体会。

再如在大班科学活动《我和影子做游戏：小猫的亮眼睛》中，幼儿发现，手电筒对着教师提供的有洞洞的白纸做成的小猫照射时，就能在墙上或地面上发现小猫亮眼睛的影子。但幼儿自己操作时，部分孩子不会用剪刀在白纸上剪出小洞洞来，观察小猫亮眼睛影子的游戏就无法进行下去。面对这种情况，教师可以事先在小猫眼睛上挖一个小小的眼，以便于幼儿用剪刀剪出眼睛来，或者提早在平时的手工活动中组织幼儿练习剪圆的技能，从而保证所有幼儿都能积极参与到活动中来。

第四节 常用教法的讲述

"教无定法，贵在得法"，在课堂教学目标和内容确定之后，运用什么样的教学方法实现课堂教学目标显得极为重要。而教学方法是多种多样的，说教法，就是要阐明一节课中选择什么样的教法，为什么要用这种教法，其理论依据是什么，即要说清楚"怎么教"和"为什么这样教"。幼儿园常见的教学方法有——

一、游戏激趣法

儿童天生就是一个游戏者，是玩家。游戏教学是幼儿园教学活动中最基本的形式，也是孩子们最为喜欢的活动形式。儿童教育家卡尔维特认为："唤起孩子兴趣的最好方法是采用游戏的方式进行教育。"由此可见，在幼儿园教育教学活动中，采用游戏的教学方法，必能激发孩子的兴趣，引发孩子们参与活动的积极性和主动性。

如在中班音乐活动《认识你啊真高兴》中，教师这样把游戏引入课堂：

师：小朋友看看我是谁啊？（出示喜羊羊头饰）

生：喜羊羊。

师：我是喜羊羊，今天喜羊羊来到了中二班，认识了这么多的好朋友，我想和好朋友玩一个开火车的游戏，你们想不想和喜羊羊一起玩呢？

生：想。

师：咔嚓咔嚓咔嚓，我的火车开到哪个小朋友前面，我就大声地和小朋友说"认识你啊真高兴"，如果你愿意和我做朋友，请大声地用这句话来回答我。

生：认识你啊真高兴。

师：好，请你坐上我的小火车，我们继续往前开了，咔嚓咔嚓……

游戏继续进行，回答完的小朋友跟在教师后面，用手拉住教师的衣服，和教师一起开火车走到下一个小朋友前面，一起用"认识你啊真高兴"和下一个小朋友打招呼，直到把班上所有小朋友都邀请上火车后，游戏结束。

《认识你啊真高兴》是一首可以用来教幼儿学习跳圆圈邀请舞的歌曲，教师采用开火车的游戏导入教学，让幼儿在宽松愉悦的氛围中不知不觉地学会了互相问候与互动，增进了生生之间、师生之间的情感沟通与交流，并为接下来的结伴游戏奠定了良好的基础。

二、情境创设法

众所周知，幼儿的知识不是单纯通过教师的传授得到的，而是他们在一定的情境中，在教师的引导下自主构建并习得的。"让幼儿在生动具体的情境中去学"是新课改所倡导的重要理念之一。也就是说，在教育教学过程中，要根据幼儿的年龄特点和生活经验，通过创设生动具体的教学场景来诱发幼儿学习新事物的内在动力，促使他们以最佳情绪状态投入到教学过程之中，让幼儿乐学、愿学。

如中班科学活动《有趣的磁铁》中，教师创设了这样一个问题情境：

师：小朋友看看，今天老师给你们带来了什么？（出示磁性纽扣）

生$_1$：磁铁。

生$_2$：吸铁石。

师：那你们知道磁铁是用来干什么的吗？

生$_1$：能够吸住老师用的图片。

生$_2$：能够把我们画的画儿吸住。

生$_3$：能够吸住玩具。

师：那磁铁能够把老师用的图片和小朋友的画吸在哪里呢？

生：前面的黑板上面。

师：好，现在请每个小朋友到前面来拿一个磁铁，到黑板上来吸一吸，看看你会有什么新的发现。（为孩子提供了一块纯木头做的黑板）

师：小朋友发现了什么呢？

生₁：磁铁吸不上去了。

生₂：磁铁掉下来了。

师：今天这个磁铁为什么吸不上去了呢？

在这个环节中，教师充分利用了孩子们已有的生活经验。现在幼儿园每个教室里都有磁性黑板，孩子们在日常学习中已经获得了磁铁能够吸在黑板上的生活经验，因此，教者就在此基础之上有意创设了一个认知冲突的问题情境：今天的磁铁为什么不能吸到黑板上去了？从而引发了幼儿的问题意识和探究的欲望，促使他们积极投入到对问题的探索之中。

三、角色扮演法

"只是告诉我，我会忘记；要是演示给我，我就会记住；如果还让我参与其中，我就会明白。"角色扮演在教学中发挥着至关重要的作用。心理学研究表明，只有当一个人的内心世界具有了与他人相同或相似的体验时，他才知道在与别人发生相互联系的过程中该采取怎样的行动和态度。因此，要让幼儿扮演一定的角色，或模拟现实社会中的人物，通过亲身的情感体验来加深他们对社会及人物的观察、了解，从而习得相关的社会经验与解决问题的能力。

如小班社会活动《做客》中的教学片段：

师：刚才小兔子是怎么到鸭妈妈家做客的？（请大班哥哥姐姐分别扮演小兔子和鸭妈妈进行表演）

生₁：要敲门。（师：对了，要有礼貌地、轻轻地敲门）

生₂：要说"你好，鸭妈妈"。

生₃：不拿鸭妈妈家的东西。

师：鸭妈妈是怎么招待小兔子的？

生₁：请它坐。

生₂：倒水喝。

生₃：吃好吃的东西。

生₄：玩玩具。

师：现在请男小朋友做小兔子（给男小朋友戴小兔子头饰），女小朋友做鸭妈妈（给女小朋友戴鸭妈妈头饰），看看小兔子怎么到鸭妈妈家做客，鸭妈妈又是怎么招待小兔子的，看看谁表演得最好。（幼儿两两自由组合，分别扮演小兔子和鸭妈妈的角色，演绎做客的过程。扮演结束后，让幼儿互换角色，重新演绎）

在《做客》的活动过程中，幼儿通过分别扮演鸭妈妈和小兔子的角色，能以自己所扮演的角色自居，想角色所想，急角色所急。孩子们你来我往，保持着愉快的情绪，体验着相互交往的快乐。因此，教育教学过程中，教师要克服传统说教的方式（如，到鸭妈妈家做客要怎么怎么样，不要怎么怎么样等等），可以通过让幼儿扮演各种不同的角色，使得幼儿在与周围人和事物的沟通与交流中，逐步认识理解不同角色的义务、职责，不断学习一些社会行为规则和社会经验，体验不同角色的不同的情感需要，逐步摆脱"自我中心"的意识，进而使得他们的同情心、责任感得到相应的发展，并能在此过程中不断提升他们的亲社会行为的水平。

四、探究发现法

自 2001 年《幼儿园教育指导纲要（试行）》颁布以来，广大幼儿教师的教育教学理念与行为有了较大程度的更新与转变，为幼儿创设自主探究的氛围，让幼儿用自主、探究的方式进行学习的理念也已经根植于很多教师的观念体系中。杜威认为：儿童具有调查和探究的本能，探索是幼儿的本能冲动，好奇、好问、好探究是幼儿与生俱来的特点。因此，让幼儿主动参与问题的探究，使得他们在与材料的相互作用中发现问题之所在，并能积极探究问题的解决方法，才是真正顺应了儿童生命发展的需要。

如中班科学活动《可爱的不倒娃》中的教学片段：

师：玩具城里面的好多玩具都会跳舞呢，每个小朋友都去找一个玩具玩

一玩，看看他们是怎样跳舞的。（为幼儿提供若干个不倒翁玩具）

生₁：摇摇摆摆地跳舞。

生₂：倒下去了，站起来了。

生₃：像鸭子一样地跳舞。

师：我们一起听着音乐像不倒翁一样地跳舞吧。（师幼随着音乐摇摆）

师：今天老师还给小朋友带来了很多小娃娃，你们玩玩这些小娃娃，看看他们有什么不一样。（教师提供自制的可以打开的蛋形娃娃，其中有的像不倒翁一样可以跳舞，有的只会滚动，无法站立）

生₁：一个会跳舞，一个不会。

生₂：一个滚来滚去的，一个摇来摇去的。

师：为什么一个可以摇来摇去地跳舞，一个不能呢？

生₁：一个娃娃的肚子里面有东西，一个没有。

生₂：一个娃娃重，一个娃娃不重。

师：不会跳舞的娃娃也想站起来跳舞呢，你们来帮帮它好吗？今天老师为你们准备了彩泥、黄豆、大米，想一想这些材料是否可以帮助娃娃跳舞。（幼儿动手探究，尝试把不同的材料分别放入娃娃的身体里，看看哪种材料能够帮助娃娃跳舞）

师：你用什么办法帮助娃娃跳舞的？

生₁：黄豆不能帮助娃娃跳舞。

生₂：米也不能。

生₃：彩泥能。

著名数学家波利亚认为，学习任何知识的最佳途径是由自己去发现，因为这种发现理解最深，也最容易掌握其中的规律、性质和联系。用彩泥可以帮助娃娃像不倒翁一样地跳舞，是幼儿通过不断的尝试，在不断的试误中习得的经验。

五、直观演示法

具体形象思维是3－6岁幼儿的主要思维形式，它依赖于事物的具体形象、表象以及表象的联想，其特点为具体性和形象性，需要依靠教师提供直观的材料进行思考。夸美纽斯在《大教学论》中写道："一切知识都是从感官开始的。"借助于直观演示，可以使得一些较为抽象的知识具体化、形象化，从而有助于幼儿的理解和接受。因此，在幼儿园教育教学中，可以根据幼儿年龄特点和教学内容的需要，采用直观演示的教学方法，把较为复杂的教学内容变得简明、形象、可感，从而促使幼儿很快地进入教学情境之中。

如大班音乐活动《想吃苹果的鼠小弟》中的教学片段：

师：有一只可爱的鼠小弟，它想吃农夫果园里红红的苹果，我们一起来看看它是怎么吃到苹果的。（多媒体展示鼠小弟吃苹果的过程）

生₁：它边走边找苹果。

生₂：它要躲避农夫的锤子。

生₃：它看到树上的苹果，但是吃不到它。

生₄：它模仿小鸟飞，还是掉了下来。

生₅：它学小猴子爬，还是没有吃到。

生₆：它学大象伸长鼻子，还是吃不到。

生₇：它学长颈鹿伸长脖子，还是没有吃到呢。

师：鼠小弟先边走边看（在白板上点出3个脚印1只眼睛，表示鼠小弟走、走、走、看），经过农夫的果园，躲避农夫的锤子（点出双手抱头的图片、眼睛的图片，表示鼠小弟一边躲一边看农夫在哪里），然后学小鸟飞，没有吃到（出现4只小鸟飞，1只在树上的图谱，表示飞、飞、飞、飞、没有吃到），学小猴子爬，没有吃到（出现4只小猴子爬，1只在树上的图谱，表示爬、爬、爬、爬、没有吃到），依次类推。

师：现在我们一起看图谱把故事讲出来。

（幼儿集体看图谱讲述故事）

师：我们一起跟着音乐来表演故事。

（幼儿边看图谱边听音乐进行表演，气氛非常热烈）

教育心理学认为，学习者同时开放多个感知通道，比只开放一个感知通道，能更准确有效地掌握学习对象。《想吃苹果的鼠小弟》的音乐是比较抽象的，但通过多媒体生动有趣的画面，风趣幽默的故事情节以及真实、可感的图谱，使得幼儿的多种通道参与其中，从而很好地丰富了幼儿对于音乐的感知，并使得他们在图谱的帮助下，充分感受了音乐 ABA 的三段体结构，同时，在活动过程中，幼儿还能用自己的动作来创造性地表达对音乐的理解。由此可见，直观材料的演示，让音乐欣赏活动充满了生机与活力，让身处音乐中的幼儿更具想象力、创造性和表达能力。

六、操作练习法

在幼儿园的各类教育教学活动中，几乎离不开动手操作，它是幼儿自主选择、自发探索、主动活动的一扇智慧大门，幼儿很多的知识经验和技能正是在动手操作与练习的过程中形成与发展起来的。心理学家皮亚杰认为："活动是认识的基础，智慧从动作开始。"因此，教师要尽可能地为幼儿提供动手操作与练习的机会，让他们在与材料相互作用的过程中丰富感知经验，巩固操作技能，提高动手能力。

如中班数学活动《按规律排序》的教学片段：

师：小朋友都去过动物园，今天我们一起来搭一个动物园，先来铺一条到动物园去的小路，仔细看看这条小路有什么特别的地方。（出示由红三角、蓝圆、蓝圆，红三角、蓝圆、蓝圆，红三角、蓝圆、蓝圆……铺设而成的道路）

生$_1$：1个红色的三角形、2个蓝色的圆形的路，1个红色的三角形、2个蓝色的圆形的路，1个红色的三角形、2个蓝色的圆形的路。

生$_2$：这条路上先有1个红色的三角形，再有2个蓝色的圆形，然后又有1个红色的三角形、2个蓝色的圆形，然后再有1个红色的三角形、2个蓝色的圆形。

生$_3$：3个红色的三角形，6个蓝色的圆形的路。

师：我们一起用这两种图形把这条路铺完吧。

（幼儿动手操作，将不完整的道路铺设完整，铺设完后要求他们用完整的

语言表述自己铺设的是一条什么样的路）

数学知识具有抽象性和严密的逻辑性，幼儿对数学知识的认识和理解是不能从客体本身获得的，而是要从改变客体的动作中获得。因此，在数学教学中必须强调让幼儿亲手操作材料，让他们在实际的操作中探索和学习，获得有关数学概念的感性经验。

如小班美术活动《有趣的泥》教学片段：

师：孩子们你们看，小猴商店开张了，它的商店里面有很多很多的东西，你知道这些东西是用什么做的吗？（出示用橡皮泥制作的玩具、各种形状的饼干以及小水桶等物品）

生₁：橡皮泥。

生₂：好看的泥。

师：今天老师带来了橡皮泥和泥工板，说说你想用橡皮泥做什么。（出示红、黄、蓝三种颜色的橡皮泥）

生₁：做糖葫芦。

生₂：做火腿肠。

生₃：做饼干。

师：我们怎么用橡皮泥做这些东西呢？

生₁：把橡皮泥压扁了，就可以做饼干。

生₂：团成一个圆圆的，做糖葫芦。

生₃：搓一个火腿肠。

师：好，我们一起来团团团橡皮泥，压压压橡皮泥，搓搓搓橡皮泥。（带领幼儿徒手练习团、压、搓的动作）

（幼儿一起跟着教师徒手练习）

师：每个小朋友拿一块橡皮泥，在泥工板上做一个你喜欢的东西。

（幼儿用团、压、搓的技能，自由玩泥，做一个自己喜欢的东西）

虽然《幼儿园教育指导纲要（试行）》艺术领域中明确规定，不要过分强调技能技巧，但一些简单的技能，如点、线、面，团、压、搓等，幼儿还是需要且应该掌握的，因为它们是幼儿更好地表达认识和情感的基础和前提。

因此，为幼儿创设操作和练习的机会与情境，让他们在"做"的过程中充分地感知、体验、表达和创造，才能更好地促进他们各方面能力的发展。

七、观察体验法

苏联教育家苏霍姆林斯基认为："观察对于儿童之必不可少，正如阳光、空气、水分对于植物之必不可少一样。在这里，观察是智慧的最重要的能源。"观察可以丰富幼儿的感性经验，扩大幼儿的眼界，发展幼儿的感知能力，培养他们对周围事物的兴趣和求知欲。因此，在幼儿园各领域教育教学活动中，教师应有目的地引导幼儿进行观察，让幼儿在观察物体的过程中亲身感受、体验物体的变化与发展。

如大班健康活动《长高了，变壮了》教学片段：

师：今天老师给小朋友带来了一些照片，你们猜猜看他们是谁。（多媒体播放班级幼儿小时候家长喂饭、学走路等照片）

（幼儿纷纷猜测。当幼儿猜测后，教师及时链接该幼儿现在的照片，然后提问）

师：你发现××有了什么变化？

生$_1$：他长高了很多。

生$_2$：他会自己吃饭，自己走路了。

生$_3$：他能自己的事情自己做了。

师：很多小朋友还带来了他们小时候穿过的衣服，用过的东西，我们一起来看一看。看到这些东西你有什么感觉？

生$_1$：我长大了。

生$_2$：我学会了很多东西。

生$_3$：我现在能帮爸爸妈妈做事情了呢。

再如大班社会活动《九九重阳节》教学片段：

师：你们知道"重阳节"是谁的节日吗？

生$_1$：爷爷奶奶的节日。

生₂：外公外婆的节日。

师：对了，重阳节是爷爷奶奶、外公外婆的节日，就是老人们的节日，也叫敬老节，今天我们和爸爸妈妈一起到敬老院，和爷爷奶奶一起过重阳节，等会儿看到他们，我们应该怎么样和他们打招呼？

生₁：向爷爷奶奶问好。

生₂：给爷爷奶奶好吃的东西。

生₃：帮爷爷奶奶捶背。

生₄：我把自己画的画送给爷爷奶奶。

（邀请爸爸妈妈和孩子一起去敬老院参加活动。事先和敬老院取得联系，安排好相关事宜。到敬老院后安排大家一起参观爷爷奶奶生活、活动的场所，并给爷爷奶奶表演自己最拿手的节目，送自己制作的礼物给爷爷奶奶，给爷爷奶奶捶背，最后和爷爷奶奶一起分享节日蛋糕等）

幼儿在观察自己小时候所使用物品的过程中，体验成长的快乐与喜悦；在参观爷爷奶奶生活起居、给爷爷奶奶表演节目等活动中，体验、感受和爷爷奶奶共同活动的快乐，并逐步萌发出热爱爷爷奶奶的美好情感。

八、谈话交流法

与幼儿的谈话和交流，是教师引导幼儿运用已有的经验和知识回答教师提出的问题，借以获得新知识或巩固、检查已学知识的过程，它是教师"以学定教"的依据和前提。随着幼儿园主题课程的实施，谈话交流法在主题课程中的地位愈加凸显，成为主题实施中重要的活动形式。因此，在幼儿园各领域活动中，巧妙地运用谈话交流法，能够唤醒幼儿的已有经验，并在幼儿的旧知和新知之间架起一座沟通的桥梁，从而丰富幼儿对事物的感知和了解。

如中班科学活动《各种各样的菊花》教学片段：

师：昨天老师带小朋友参观什么展览了？

生：菊花展。

师：你们看到菊花有哪些好看的颜色？

生₁：红色、黄色、白色，各种各样的颜色。

生₂：各种漂亮的颜色。

生₃：五彩缤纷的颜色。

师：菊花的花朵像什么呢？

生₁：像圆圆的脸蛋。

生₂：像毛线团。

生₃：像皮球。

师：数一数，菊花有多少花瓣？

生₁：很多很多。

生₂：数不清的花瓣。

师：你还在哪些地方看到过菊花？

生₁：我家里有菊花。

生₂：幼儿园花园里面也有菊花。

师：你们知道菊花有什么作用吗？

生₁：好看，让人们欣赏。

生₂：有好闻的味道。

生₃：可以泡菊花茶。

（播放菊花功效的多媒体短片，让幼儿进一步了解菊花的药用价值）

再看大班语言活动《分房子》教学片段：

师：动物园里面造了很多的新房子，现在请小朋友给小动物们分房子，想一想，谁和谁住一起最合适，它们住几楼最方便，并说说这样分的理由。（给幼儿提供人手一套小动物的图片和三层楼房图。幼儿动手操作）

师：你们是怎么给小动物分房子的？

生₁：我把长颈鹿和大象分在一楼，灰鸭子和公鸡住二楼，小猫和小兔住三楼。

生₂：我把长颈鹿和大象分在一楼，小猫和小兔住二楼，灰鸭子和公鸡住三楼。

生₃：我把大象分在了三楼。

生₁：不行不行，大象太重了，住三楼不方便，应该住一楼。

生₂：大象很重，它住三楼要把房子给弄坏了呢。

师：大家不要着急，我们来听他说一说为什么要把大象分在三楼。

生₃：我看见这只大象太胖了，把它分到三楼住，让它天天爬楼梯锻炼身体，这样可以减肥。

每一个孩子对事物认知所获得的经验都是零散的，运用谈话交流法，可以丰富孩子对事物的全面的认识，如通过对于菊花的交流活动，孩子们对菊花的了解会更为深刻，并在教师的引导下逐步掌握观察事物的方法与步骤。而每一个孩子对待事物的看法都有自己独特的理解，同样的情景，他们会获得不同的体验和经验。运用谈话交流法，在师生、生生互动的良好氛围中，不仅使得教师能够更为准确地了解孩子的真实意图，而且为孩子们创造性地表达自己的想法和美好愿望提供了机会，同时也促进了班级孩子们之间的相互学习、相互了解，从而达到共同提高的目的。

九、讲授教学法

幼儿园的孩子思维具体、形象，有些知识和技能如果仅仅依靠他们自己进行探索和思考则很难把握事实、道理或规则的本质，这时教师必要的讲解，则有助于降低幼儿理解的难度。讲授教学法是教学中普遍应用的一种教学方法，不应该错误地认为，现在提倡幼儿自主学习、自主探究，就不需要再用讲授教学法了。关键是要弄清什么时候、什么内容要用讲授法，怎样把讲授法与其他教学方法有机地结合起来，从而达到"无招胜有招"的境界。

如大班锻炼活动《立定跳远》教学片段：

师：今天妈妈要带小兔子到很远的森林里去采蘑菇，去的路上要经过一条小水沟，他怎样才能过小水沟呢？

生₁：跳过去。

生₂：跨过去。

师：今天我们要用立定跳远的本领跳过小河，看老师是怎么跳的。

（教师讲解动作要领并示范：两脚自然左右开立，上体稍前倾，两臂前后摆动各一次，两腿配合作自然弹性屈伸，然后两臂用力向前上方摆，两脚同时用力蹬地，迅速向前上方跳出，落地时以脚跟先着地）

师：现在跟着老师一起来练习立定跳远，我一边说你们一边来做。（再次讲解立定跳远的动作要领）

（生根据教师的讲解，练习立定跳远技能）

师：今天老师给小朋友准备了很多垫子，现在小朋友每人拿一块垫子，站在垫子前面，老师一边说动作要领，你们一边准备练习跳过垫子。

（生根据教师的讲解，练习立定跳远技能）

再如大班健康活动《保护环境靠大家》教学片段：

师：今天老师给大家讲个好听的故事《美丽的家园》，仔细听一听、想一想：故事里面的小动物为什么要离开美丽的家园？（教师用生动的语言讲述）

生₁：人们乱扔垃圾，把小动物喝水的小河污染了。

生₂：人们把大树砍了，小鸟们没有家了。

生₃：地上、水里面到处都是垃圾，臭烘烘的，小动物们没有东西吃了。

师：美丽的环境需要我们大家共同创造，如果人们不注意保护环境，那么地球不仅不利于动物们生存，多少年以后，我们人类也无法在地球上生存了。那我们该如何来保护我们的家园呢？

生₁：不乱扔垃圾。

生₂：节约用水。

生₃：保护野生动物。

师：对了，每个人从现在做起，从自己做起，从不乱扔垃圾做起，一起来保护环境，让我们的家园越来越美丽。

从教的角度来看，任何方法都离不开教师的讲，特别是涉及幼儿人身安全方面的知识，更需要教师充分讲解。因此，在教学的过程中，该讲授的地方讲授，该自主探究的地方就要探究，该练习的地方就要练习，该讨论的时候就要讨论，各种教学方法相互融合，灵活使用，才能更好地激发孩子学习、探究的兴趣与动力。

十、小组合作教学法

自从新课程改革实施以来，小组合作式教学方法就广泛运用于幼儿园各领域的教育教学中，它能有效地培养幼儿的合作意识，促进幼儿合作技能的形成，并对塑造幼儿健康的人格有着重要的作用。因此，幼儿教师必须积极思考和探索小组合作学习的良方，为幼儿提供更多的合作机会与帮助。

如大班健康活动《运西瓜》教学片段：

师：农民伯伯种的西瓜丰收了，想请我们小朋友帮忙把田里的西瓜运回来。可是天就要下大雨了，我们怎样才能又快又好地把西瓜运回来呢？

生$_1$：我一个人拿两个西瓜。

生$_2$：用篓子帮忙运。

生$_3$：用袋子来运。

师：好，我们每个人都用自己想的方法来运西瓜，看看一次能运几个？

（幼儿自由选择方法，单独运西瓜。用球代替西瓜，运的过程中不能掉下来）

师：你们一次能运几个西瓜？

生$_1$：我只运了 1 个。

生$_2$：我能运 2 个。

生$_3$：我有本事运 3 个呢。

师：那怎样才能把田里的西瓜一下子都运回来呢？

生$_1$：2 个人一起运。

生$_2$：小朋友一起用很大的网来运。

生$_3$：可以用个很大的袋子来运。

师：今天老师给小朋友准备了很多大的袋子还有大的网，我们小朋友 4 个人一组来运西瓜，要求把这些西瓜一下子都要运回家，注意不能把西瓜弄掉下来，看看哪一组运得又快又好。

（幼儿自由组合、分工合作，用袋子装西瓜的 4 个小朋友，2 个人负责拉开袋口，2个人负责把西瓜送到袋子里；用大网运西瓜的4个小朋友，2个人负责拉网，2个人负责往网里面送西瓜，然后共同把西瓜搬运回家）

再如中班科学活动《蛋宝宝历险记》教学片段：

师：蛋宝宝继续往前走，它一不小心掉进了一个小水坑里，用什么办法才能把蛋宝宝救上来呢？

生₁：钩子钩它。（师：会不会弄伤了蛋宝宝？）

生₂：用绳子来帮忙。

生₃：用手把它抱上来。（师：小水坑太小了，手伸不进去）

……

师：今天老师给小朋友准备了很多烧菜用的盐，看看这些盐能否救出蛋宝宝。这个水杯子就表示小水坑，看看放了几勺盐后蛋宝宝能浮上来。我们两个小朋友合作，一个小朋友用勺子放盐并搅拌，一个小朋友在记录表上记录。（用"×"表明蛋宝宝没有浮上来，用"√"表示蛋宝宝浮上来了）

	1	2	3	4	5
盐	×	×	×	×	√

（幼儿合作操作，边操作边记录观察的结果）

"独学而无友，则孤陋而寡闻。"合作是幼儿适应未来社会发展、立足社会不可缺少的重要素质。在搬运西瓜的过程中，4个小朋友之间相互配合，共同体验到了合作力量大，合作就能把事情做得又快又好。在帮助蛋宝宝的过程中，两个小朋友之间相互协商，边记录边观察边交流，共同完成了救助蛋宝宝的任务，体验到了成功的快乐与喜悦。由此可见，在教育教学活动中相机运用合作教学法，不仅能够促进师生、生生之间全方位、多层次、多角度的交流与互动，实现资源的共享，使得幼儿感受到学习是一件愉快的事情，还能更好地促进幼儿智力因素和非智力因素的和谐发展。

第五节　常用学法的讲述

"教的法子必须根据学的法子"，孩子怎样学决定了教师应该怎样教。最近颁布的《3—6岁儿童学习与发展指南》强调，在教育教学过程中要尊重幼儿的学习方式和学习特点，要最大限度地满足和支持幼儿通过直接感知、实际操作和亲身体验获取经验的需要。因此，如何体现以学为中心，真正把学习的主动权还给孩子，促使幼儿变被动学为主动学，变学会为会学，变苦学为乐学，需要教师对幼儿的学习方式与特点进行不断的观察、学习与研究，从而更好地促进幼儿的发展。

一、观察学习法

观察是获取周围世界信息的源泉，是儿童认识世界、增长知识的重要开端。苏霍姆林斯基认为："发达的智力的一个极重要的特点，就是善于观察。"幼儿善于观察事物变化，对其以后获取知识、认识世界、发展智力及良好的心理品质有着极其重要的作用。因此，学习观察事物的正确方法，学会有目的、全面、细致地观察事物，可以让幼儿受用终身。

如小班科学活动《小鸡的一家》教学片段：

师：小朋友家都有谁？

生$_1$：爸爸妈妈。

生$_2$：爷爷奶奶。

生$_3$：外公外婆。

师：那我们来看看这是谁呀？（出示小鸡标本）

生$_1$：小鸡。

生$_2$：鸡宝宝。

师：是小鸡宝宝，那小鸡家里都有谁呢？（出示鸡爸爸、鸡妈妈的标本）

生₁：小鸡爸爸。

生₂：小鸡妈妈。

师：那我们和小鸡的爸爸妈妈打个招呼吧。

生：小鸡爸爸好，小鸡妈妈好。

师：小朋友们到小鸡一家旁边来，仔细看看，小鸡爸爸和小鸡妈妈有什么不一样。（创设了 4 个小鸡家，幼儿可以分组到各个家中去观察）

（幼儿自由观察、自由交流，教师相机引导）

师：你们看到小鸡爸爸和小鸡妈妈有哪些地方是不一样的呢？

生₁：鸡爸爸的鸡冠大大的。

生₂：鸡妈妈的鸡冠很小。

生₃：鸡爸爸有很漂亮的羽毛呢。

生₄：鸡妈妈身上的衣服不漂亮。

生₅：鸡爸爸的尾巴长长的。

生₆：鸡妈妈的尾巴很短很短。

师：小朋友观察得真仔细，鸡爸爸的鸡冠大大的，鸡妈妈的鸡冠小小的；鸡爸爸的羽毛很漂亮很鲜艳，鸡妈妈的羽毛没有那么漂亮不鲜艳；鸡爸爸的尾巴长长的，鸡妈妈的尾巴短短的。

师：那小鸡和鸡爸爸鸡妈妈有什么不一样呢，我们再去小鸡家看看吧。

（幼儿再次主动观察，边说、边看，教师相机引导。）

师：谁来说说小鸡和鸡爸爸鸡妈妈有什么不一样的地方。

生₁：小鸡小小的，还没有长大。

生₂：小鸡没有鸡冠。

生₃：小鸡的羽毛短短的。

生₄：小鸡胖乎乎的，很可爱。

师：小朋友看得很认真，你们发现小鸡没有鸡冠，小鸡的羽毛还没有长好，毛绒绒胖乎乎的，还发现了小鸡的脚是橘黄色的呢。

师：今天老师带来了很多关于鸡的图片，请小朋友把小鸡送到红色的房子里，鸡爸爸送到黄色的房子里，鸡妈妈送到蓝色的房子里面。（为每个幼儿

提供人手一份操作材料，小鸡、小鸡爸爸、小鸡妈妈各两个，一幢红色、黄色、蓝色的房子图）

（幼儿观察图片，然后分别送小鸡、鸡爸爸、鸡妈妈回到相应的房子里）

在《小鸡的一家》活动中，教师几句简单的引导语"你的家里都有哪些人""鸡爸爸和鸡妈妈有什么不一样""小鸡和鸡爸爸鸡妈妈又有什么不一样"等等，顺理成章地把观察小鸡一家的主动权无痕迹地交给了幼儿，让他们在自由地观察，自主地交流，动眼看、动脑想、动口表达中获得了关于小鸡一家的丰富认识，并让他们在仔细观察的基础之上，进行了有目的的分类活动，从而很好地发展了幼儿的观察、判断、分类等思维能力。

二、分享式学习法

萧伯纳说过："你有一个苹果，我有一个苹果，交换后每人还是一个苹果；你有一种思想，我有一种思想，交换后每人可拥有两种思想。"在师生、生生互动的过程中，当幼儿与教师的兴趣、智慧在共同的问题上集合时，双方就会在认知、情感、社会经验等方面进行积极的交流、互动，幼儿可以分享教师丰富的经验，教师可以分享幼儿独特的视角。同样，当幼儿之间带着各自的兴趣、需要直接对话、互动时，他们也可以分享彼此的经验，并在分享中激励探索。可见，分享式学习实质就是教师和幼儿、幼儿和幼儿共同探索的过程。

如大班语言活动《会跳芭蕾舞的牛》教学片段：

师：小朋友们，你们知道我们刚才欣赏的是什么舞蹈吗？（播放芭蕾舞片段）

生：芭蕾舞。

师：你们知道跳芭蕾舞的时候脚是怎么做的吗？

生：脚尖踮起来。

师：我们一起来试试用脚尖跳舞的感觉。

（幼儿听音乐跟着教师尝试用脚尖来跳舞）

师：有一只小牛，它也想学跳芭蕾舞呢，你觉得它能跳芭蕾舞吗？

生₁：不能。

生₂：能。

师：当小鸭子和小羊看见奶牛在练习芭蕾舞的时候，他们会说些什么呢？

生₁：牛怎么还能学芭蕾舞呢，他太胖了。

生₂：芭蕾舞是人学的，我们动物怎么可能学得会呢。

生₃：我觉得牛的动作还有些漂亮呢。

师：小鸭子和小羊都觉得奇怪，这么胖的牛怎么可能学得会芭蕾舞呢。于是他们两个把牛跳舞的事情告诉了其他小动物。你们看看图片中的小羊为什么生气了呢？（图片上是小鸭子学着牛跳舞、小羊生气的样子）

生₁：小羊觉得胖胖的牛跳舞太难看了，所以生气了。

生₂：小羊认为牛不应该学跳舞，所以生气。

师（小结）：对了，小羊和小鸭子都觉得牛跳舞不应该，那么牛是否坚持跳下去了呢？

生₃：老师，我和你想的不一样，小羊是因为鸭子学着牛跳舞，所以才生气的，他认为小鸭子不应该学牛跳舞，其实奶牛跳的舞还是蛮好看的。

生₄：小鸭子学牛跳舞就是不好，奶牛练习得那么认真，我们应该鼓励他呢。

再如中班健康活动《牙齿的那些事》教学片段：

师：昨天老师让小朋友和爸爸妈妈一起完成了一张调查表，现在请小朋友到前面来说说你的调查结果。（调查内容为：小朋友有多少颗牙齿，爸爸妈妈有多少颗牙齿，对于牙齿你还知道些什么。用实物投影仪展示幼儿的调查表）

生₁：爸爸帮我数了我的牙齿有20颗，我爸爸有30颗，妈妈有28颗。

生₂：我的牙齿也有20颗，我爸爸有32颗，我妈妈有30颗。

生₃：我的牙齿有18颗，我爸爸有30颗，我妈妈有32颗。

生₄：我的牙齿也是20颗，我爸爸有30颗，我妈妈有28颗。

师：通过调查，小朋友发现，你们的牙齿一般是多少颗啊？

生：20 颗。

师：6 岁小朋友的牙齿，还是乳牙呢，如果长全了就是 20 颗。

在《牙齿的那些事》活动中，孩子们分享了各自的调查结果，并在交流中增进了对牙齿的认识；在《会跳芭蕾舞的牛》活动中，孩子们通过交流不仅分享了各自不同的观点，还发出了"老师，我和你想的不一样"的质疑。这不仅有利于教师与幼儿之间、幼儿同伴之间的信息交流，帮助幼儿分享、巩固获得的经验，同时更加有利于拓展幼儿的思维空间，促使他们从多角度思考问题，提高思维的灵活性。

三、探究式学习法

苏霍姆林斯基说："在人的心灵深处，都有一种根深蒂固的需要，就是希望自己是一个发现者、探索者。"儿童天生就是一个科学家，他们对任何事物都充满了好奇，都想亲自做一做、玩一玩。因此，教师要为幼儿提供广阔的空间与充分的时间，提供丰富多样的学习材料，鼓励幼儿在寻找资料、调查采访、实验操作等动手、动脑、动口的探究过程中掌握有关的知识与技能，体验探究的乐趣，并在此过程中学会发现问题和解决问题。

如大班科学活动《向下落的物体》教学片段：

师：今天老师给小朋友带来了很多好玩的东西，看看是什么？

生：羽毛、沙包、报纸、积木。

师：每个小朋友选一样东西往上扔一扔，看看你会发现什么。

（幼儿各自选一样东西玩）

师：说说你发现了什么。

生$_1$：羽毛慢悠悠地落了下来。

生$_2$：沙包很快地就下来了。

生$_3$：报纸一晃一晃地落了下来。

生$_4$：积木也是很快就落了下来。

师：小朋友发现所有东西扔上去以后都会落下来。现在每个小朋友选两个不一样的东西，把他们同时向上扔，看看他们落下来时有什么不一样。

（幼儿自由探索）

师：说说你把两个东西同时向上扔后发现了什么。

生$_1$：羽毛慢慢地落下来，沙包很快就落下来了。

生$_2$：报纸也是慢慢地落下来，积木很快就落下来了。

生$_3$：积木和沙包落下来的时候一样快。

师：为什么沙包、积木落得快，羽毛、报纸落得慢？

生$_1$：羽毛轻，沙包有点重。

生$_2$：报纸很大很大，所以就慢悠悠地落下来，积木很小，所以就很快。

师：现在老师给小朋友每人两张一模一样的白纸。怎样让这两张白纸落下来的时候也不一样呢？

（幼儿自由探索，教师相机引导）

师：说说你用什么办法让两张一模一样的白纸落下来的时候不一样的呢。

生$_1$：我用力往上扔，一张纸快一点落下来，一张纸慢一点落下来。

生$_2$：我把一张纸折成了小的正方形，一张纸没有折，小正方形落得快一点，没有折的落得慢一点。

生$_3$：我把一张白纸变成了纸团，纸团落下来很快，白纸落下来慢。

师：我们一起用这个小朋友的办法，把一张纸变成纸团，然后看看谁落下来比较快。

第斯多惠认为："科学的知识是不应该传授给学生的，而应引导学生去发现它们，独立地掌握它们。"在《向下落的物体》活动中，教师通过为幼儿提供丰富的、有结构性的材料，让幼儿在宽松和谐的氛围中，在与材料的不断互动中，主动探究出了重的、小的东西落下来比较快，大的、轻的东西落下来比较慢；两张一样的白纸，只要改变了其中一张纸的形状，他们落下来时也会不一样的现象。在这样的活动中，孩子们亲身经历了事物发展变化的过程，也体验到了探究成功后的快乐。

四、体验式学习法

当孩子在学习过程中有所感悟并且感到有冲动、要整合这种感悟于整个心灵时，这样的学习才是有效的学习，才是符合孩子生命内在生长所需要的学习。因此，在幼儿园各领域的教育教学中，要给幼儿创设身临其境的情景，让幼儿在亲身体验社会角色的过程中加深对社会、对所学知识的理解，从而促进其亲社会行为的发展、相关知识经验的获得。

如大班数学活动《认识单双数》教学片段：

师：有哪些小朋友去电影院看过电影的，看电影的时候要买什么啊？

生：电影票。

师：到了电影院后，你们是怎么找到自己的位置的呢？

生$_1$：电影票上有数字。

生$_2$：电影票上有座位号码。

师：今天老师给小朋友准备了电影票，等会儿我们就去电影院看电影，看看谁能很快找到自己的座位。（模仿电影院的场景，座位按照单双数分开排，椅子上的座位号用点卡表示，电影票上的座位号用数字表示，用 4 种颜色表示不同的排）

每个幼儿拿一张电影票，先看清楚自己是什么颜色的，是几号，然后找到自己的座位。（电影票上只有座位号）

师：小朋友都找到座位了吗？说说你坐的是什么排几号。

生$_1$：我是红色的 2 号。

生$_2$：我是蓝色的 3 号。

生$_3$：我是黄色的 10 号。

生$_4$：我是绿色的 5 号。

师：和你坐一排的小朋友说说座位号，看看你有什么新的发现。（可以离开自己的座位，观察自己坐的这排幼儿的座位号）

（幼儿自由观察，自由地交流）

师：你们发现了什么？

生₁：我这排只有2、4、6、8、10，没有1、3、5、7、9呢。

生₂：我这排和他的相反，只有1、3、5、7、9。

师：还有谁的发现和他们不一样的呢？

生₃：我们这边的都是只有2、4、6、8、10，没有1、3、5、7、9。

生₄：我们这边的都只有1、3、5、7、9。

师：1、3、5、7、9它们有个共同的名字，你们知道叫什么吗？

生：单数。

师：那么2、4、6、8、10呢？

生：双数。

师：每个小朋友把座位上的点卡拿出来，看看单数和双数有什么不一样。

生₁：单数的点卡上面有一个点子没有好朋友。

生₂：双数两个两个点子正好。

师：小朋友都很快找到了自己的座位，现在我们一起来看电影吧。

教学不应该仅仅是种告诉，它应该更是一种亲历、一种体验。我国著名教育家陶行知说："与其把学生当天津鸭儿添入一些零碎的知识，不如给他们几把锁匙，使他们可以自动去开发文化的金库和自由之宝藏。"幼儿园的大多数孩子都有看电影的经验，他们都知道要对号入座，但他们平时独立找座位的机会不是很多。在教师所创设的电影院的情境中，幼儿按照角色的要求主动找座位，并在教师的引导下发现了座位号有单双数的区分，初步感知了单双数的不同含义。这样的经历和体验，比教师单纯的教授单双数要深刻得多。

五、合作式学习法

众所周知，幼儿期是人生的初级阶段，也是培养其良好习惯，促进他们社会性发展的重要时期。幼儿之间的合作，既体现出幼儿社会性发展的水平，又是人生存的基本条件。在未来社会中，只有能够与人合作的人才能获得较大的生存空间；只有善于合作的人才能赢得更大的发展机会。

如大班社会活动《我要上小学了》活动片段：

师：孩子们，你们马上就要上小学了，你们知道小学和幼儿园有什么不一样的地方吗？

生₁：小学教室里面没有我们漂亮。

生₂：小学的操场很大很大，但是没有好玩的玩具。

生₃：哥哥姐姐有很多很多的书。

生₄：哥哥姐姐早晨很早就要去上学了。

师：哦，小学的教室和我们不一样，（出示教室的调查表，用画画或其他形式表现出来）小学的操场和我们不一样。（出示操场的调查表，用画画或其他形式表现）小学的哥哥姐姐天天看哪些书呢？（出示书的调查表，用画画或其他形式表现）小学的哥哥姐姐是什么时候到学校、什么时候放学的呢？（出示时间的调查表，幼儿用画画或其他形式表现）现在我们分成4组，4个人一组，你们选择一个内容进行调查，看看哪一组小朋友调查的内容最丰富。好，现在出发去小学。（事先联系好一所小学，利用小学生大课间的时间进行）

（孩子们4人一组，分工合作，有的看，有的画，会写字的小朋友在帮着写字，忙得不亦乐乎）

再如大班数学活动《有趣的拼图》教学片段：

师：今天老师给小朋友带来了很多火柴棒，你们知道火柴棒可以怎么玩吗？

生₁：火柴棒可以拼图。

生₂：还可以堆着玩，看谁堆得最高。

生₃：可以数着玩，看看有多少个。

师：今天我们就用火柴棒来拼图。听好老师的要求，现在请小朋友用火柴棒拼出1个正方形和1个三角形，看看你用了几根火柴棒。

（幼儿独自拼图）

师：拼1个正方形和1个三角形，你用了几根火柴棒？

生₁：我用了7根。

生₂：我也用了7根。

师：有没有哪个小朋友和他们不一样的？

生₃：我用了 6 根。

师：你怎么用了 6 根的呢？

生₃：我把三角形放在了正方形的上面。

师：你很会动脑筋，这样就节约了 1 根火柴棒。现在两个小朋友一组来拼图，要用最少的火柴棒拼出 1 个长方形和 2 个正方形。

（两个幼儿边讨论，边操作，边调整）

师：你们两个好朋友用几根火柴棒拼出了 1 个长方形和 2 个正方形？

生₁：7 根。

生₂：8 根。

师：这次加大难度了，现在请你们 3 个小朋友一组来拼图，要用最少的火柴棒拼出 5 个正方形。

（幼儿 3 人一组，边讨论，边操作，边调整）

在《我要上小学了》、《有趣的拼图》活动中，正是因为有了小组成员的相互协商、配合和互助，才使得幼儿较为顺利地完成了活动任务。在此过程中，孩子学会了倾听他人的想法，学会了接纳别人的建议，也学会了体谅他人和控制自我，他们在与同伴、教师等不同人群的相遇、合作与对话中，不断催生新的灵感，不断获得新的生长。

六、实践操作学习法

心理学家皮亚杰认为：在整个学前时期，儿童处于直觉行动和具体形象思维阶段，即直接的感知与事物的具体形象是儿童思维的重要支柱，对具体事物的操作、感知是儿童形成自己的经验结构和智慧结构的主要方式。对幼儿来说，实践操作学习法是一种非常重要的学习方式，它符合幼儿的认知特点。因此，在幼儿园各领域教育教学中，教师必须根据教学内容和不同的学情，创设充分的操作环境，给幼儿更多动手实践的机会，让他们在丰富的感知中体验，在深刻的体验中收获。

如大班科学活动《物体的空隙》教学片段：

师：小朋友，你们知道现在是什么季节了吗？

生：冬天。

师：寒冷的冬天到了，小乌鸦想带一些粮食去看妈妈，它准备带什么去呢？就在桌上，让我们看看有什么。

生：有黄豆、板栗。

师：小乌鸦想用这个瓶子把粮食全部装进去，你们猜，能装得下吗？

生₁：我猜能装得下。

生₂：装不下。

师：小朋友有的说能，有的说不能，到底能不能，让我们来试一试吧，不过有个小小的要求，那就是请小朋友把一种粮食装完了再装另一种，开始吧！

（幼儿动手操作）

师：粮食全部装进去的请举手。粮食没有全部装进去的请举手。谁来告诉大家：你是怎么装的？结果怎样？

生₁：我先装黄豆，然后装板栗，所以装不下去了。

生₂：我先装板栗，后装黄豆，所以全部装进去了呢。

师：我给小朋友的东西一样多，可为什么有的小朋友把所有粮食都装进去了，有的小朋友却还有粮食留在外面呢？让我们来找一找原因吧！

生₁：先装板栗，板栗之间就有空的地方，再装黄豆的时候，黄豆就跑到那个空的地方去了。

生₂：如果先装黄豆，黄豆和黄豆之间空的地方就小，板栗进不去。

师：那个空的地方叫什么你们知道吗？

生：不知道。

师：那个空的地方就叫空隙。小乌鸦看见小朋友那么能干，它又拿出了一些绿豆，想多送点粮食给妈妈，现在有三种粮食了，这三种粮食你们能把它们全都装进去吗？这还有一张记录表，等会，你先装哪样就在它的下面写上"1"，第二装的呢？（写"2"）最后装的呢？（写"3"）好，开始吧！

（幼儿动手操作）

师：你们把三种粮食都装进去了吗？你们是怎么装的呢？

生₁：我没有把粮食全部装进去，我第一个装板栗的，第二个装绿豆的，第三个装黄豆的。

生₂：我把粮食全装进去了，我第一个也是装板栗的，第二个我装的是黄豆，第三个我装的是绿豆。

师：刚才没有把三种粮食都装进去的小朋友再试试，看看能不能把粮食全部装进去。

（幼儿继续操作）

在《物体的空隙》活动中，幼儿在第一次装板栗和黄豆的过程中，发现要把大的板栗先装进去，然后利用板栗之间的空隙来装黄豆，这样就能把教师提供的两种粮食全部都装进瓶子里面。当幼儿习得了这个经验后，第二次动手装3种粮食的时候，能顺利地把3种粮食都装进去的幼儿明显增多了。由此可见，只要提供丰富多样的活动材料，幼儿就能在与材料的互动中习得相关经验；只要提供充分的探究时间和空间，幼儿就能在动手实践过程中经历思维的发展历程，从而体验成功的喜悦。

七、倾听与表达学习法

倾听与表达是师生之间、生生之间相互交流的一种方式。"三人行，必有我师。"在课堂上，倾听能帮助幼儿弥补自身考虑问题的不足，能利用别人的意见启迪智慧；倾听会使幼儿萌发灵感，触类旁通，点燃思维的火花。因此，在教育教学活动中，教师不仅要求幼儿能自己动手操作、自己体验发现、自己得出结论，还要鼓励他们运用准确恰当的语言将自己的体验、发现表述出来，与同伴交流获得更加丰富的经验。

如大班绘本阅读《三打白骨精》教学片段：

师：刚刚我们阅读了《三打白骨精》这个故事，现在请小朋友说说你们看过故事后有什么想法。

生₁：孙悟空神通广大，会七十二变，我很崇拜他。

生₂：孙悟空不怕妖魔鬼怪，真勇敢，我很喜欢他。

生₃：唐僧是一个好人，心很善良。

生₄：唐僧太可怜了，那么那么多的妖怪都想吃他的肉。

生₅：但是唐僧有时候也不听话呢，我有些不喜欢他。

生₆：就是呢，唐僧有时候分不清谁是好人，谁是坏人，差点被白骨精抓走。

生₇：我有点不喜欢他了呢，他总是和孙悟空吵架，还不听孙悟空的话。

（这时一个孩子大声喊了起来）

生₈：我觉得孙悟空也有一点不好。

生₉：孙悟空打了那么多的妖怪，还不好啊。

生₈：可是孙悟空为什么要把妖怪打死啊，打伤了就行了，给妖怪一个改错的机会。

师：那你们喜欢白骨精吗？（为了解幼儿对反面人物的看法，继续追问这个问题）

生₁：不喜欢，她太坏了，她要吃唐僧的肉呢。

生₂：我也不喜欢她，坏得要命。

生₃：我有一点点喜欢她和她的军师。

师：你能说出喜欢她的理由吗？

生₃：因为白骨精和军师从来都不吵架，而且都听对方的话，非常团结，还特别爱动脑筋。

师：虽然白骨精会动脑筋，可是她想的都是坏主意、害人的主意，你也喜欢吗？

生₃：如果她改正错误了，我再喜欢她，可以了吧。

倾听意味着尊重，只有通过倾听，幼儿才能与他人求同存异，实现和而不同，或者不同而和；只有通过倾听，才能使得各种各样的声音、观点或立场得以差异性存在；只有通过倾听，幼儿才能获得对每一个事物更为完整的认识和了解。从《三打白骨精》的教学片段中，可以看出大班孩子辩证思维已经开始萌芽，他们不再以简单的"好"与"坏"来评判故事中的人物，而是具有了强烈的表达自己独特见解的意识和想法。充分的倾听，是幼儿能够清晰表达的基础和前提；充分的倾听，更是师生之间、生生之间良好互动的体现。因此，在幼儿园教育教学中，教师要为幼儿创造更为广阔的空间、更为宽松的心理氛围，以引发幼儿从多个角度来思考问题，进而大胆地表达自己真实的思想和行为。

八、模仿式学习法

提到模仿式学习，可能很多人会感到陌生，也不大愿意提到它，认为它是惰性、机械性的学习方法，会限制孩子的个性和创造性的发展。然而任何创造都是从模仿开始的，模仿的目的就是提高与创新。众所周知，孩子从一生下来就开始模仿了，模仿是孩子学习的第一步，他们模仿学习的目的在于希望自己像成人和同伴一样好、一样能干。因此，在幼儿园教育教学中，教师要为幼儿提供一定的学习榜样，让他们在模仿中起步，在模仿中提高，在模仿中创新。

如大班舞蹈《新疆舞》教学片段：

师：今天老师为小朋友带来一个好看的舞蹈，看完之后告诉我你是否喜欢这个舞蹈。（教师随着音乐跳新疆舞）

师：你们知道老师跳的是什么民族的舞蹈吗？

生：新疆的舞蹈。

师：对了，这是一个新疆舞，现在我们一起来听听这首音乐，听完以后告诉我你觉得这首音乐怎么样。

生$_1$：欢快的。

生$_2$：感觉很高兴。

生$_3$：很有节奏。

师：你们说得真好。新疆音乐的最基本的特点是鼓点节奏非常强，我们一起边听边来打节奏，好吗？

（教师敲铃鼓，孩子拿铃鼓跟着打节奏，并可用身体动作表现节奏）

师：你们刚才看到老师是怎么跳新疆舞的呢？谁来学一学。

（幼儿模仿教师的动作）

师：刚才可能好多小朋友都没有看清楚老师的动作，现在老师再跳一遍，这次可要仔细看哟。（教师示范新疆舞）

师：老师刚才这个舞蹈里面有什么好看的动作啊？

生₁：脚一跨、一点的。（幼儿边说边模仿）

生₂：先拍手，然后向上翻。（幼儿边说边模仿）

师：小朋友看得真仔细，脚一跨一点叫踏点步，我们就先来学学脚的动作，先一脚往前踏步，然后另外一只脚在后点地，好我们一起来踏点。

（幼儿练习踏点步，教师相机指导）

师：做得真好，我们再来学学手的动作。先拍手然后把手从旁边举高转手腕，手心向外，手要举得高高的才好看。眼睛要看前面。

（幼儿练习动作，教师指导不到位的动作）

师：小朋友做得太美了，我们一起把手和脚的动作连在一起来做，看看哪一个小朋友跳得最好看。

（幼儿听音乐跟着教师完整练习手和脚的动作）

师：除了这些好看的动作，你还能想到什么好看的动作呢？我们一起听音乐来跳舞，看看谁想的动作和别人不一样。

（幼儿听音乐自由地舞蹈）

师：我看到很多小朋友都想到了和别人不一样的动作，我们一起来学习他们的动作。

（请部分幼儿上台演示自己创编的动作，其他幼儿模仿学习）

师：今天老师还给小朋友带了新疆帽，现在我们戴上漂亮的新疆帽来跳舞吧，跳的时候可以多加几个你自己编的好看的动作。

（幼儿分别戴上新疆帽自由地舞蹈）

在大班舞蹈《新疆舞》活动中，幼儿先模仿教师学习了新疆舞中最基本的踏点步和拍手托帽的动作，然后在熟悉新疆音乐和基本动作的基础之上进行了创编活动。在师生、生生相互学习、交流的过程中，幼儿基本掌握了新疆舞的要领，并在此基础之上有所创新。舞蹈如此，绘画、书法、体育锻炼、语言亦如此，适当的模仿，可以让幼儿掌握最为基本的技能与方法，从而为他们今后的创造与想象奠定较为坚实的基础。

第六节　活动过程的讲述

说活动过程是说课中最为重要的部分，因为通过对这一过程的分析，才能把说课者独具匠心的教学安排，以及说课者独有的教学思想、教学个性和风格很好地展现出来。也只有通过对教学过程设计的阐述，才能让听课者判断说课者的教学安排是否合理、科学，是否具有艺术性。

一般说活动过程时，说课者应该把自己教学中的几个重点环节说清楚，如新课的导入、新知的展开、重点训练、巩固练习及时间如何支配等。在此基础上要特别注意把自己教学设计的依据说清楚，从而使得自己的教学有理有据，体现科学性。

一、新课导入要富有趣味性和启发性

"好的开始等于成功的一半"。一堂好课，精彩的导入是必不可少的。一个好的开头，必能引发幼儿的兴趣，诱发幼儿的思考，点燃幼儿智慧的火花，开启幼儿思维的闸门。针对3—6岁幼儿具有好奇、好胜、好动的年龄特点，幼儿教师可采用游戏、讲故事、直观演示等方法，创设既与孩子原有知识经验相联系，又与教学内容有关的情境，让孩子在情境中自主产生问题，并对问题进行积极的思考。

1. 生活情境导入。生活是教育的源泉，创设与孩子的生活经验密切相关的情境能有效激发孩子的好奇心。好奇心是个体学习的内在动机之一，是创造性人才的重要特征，一个人只有对这个事物好奇了，他才会产生探究与解决问题的欲望。爱因斯坦说过，他没有特别的天赋，只有强烈的好奇心。孩子对事物感到好奇的时候，往往是创造性思维迸发的时候。

如小班音乐活动《办家家》中，教师可以先营造一个家的生活情境，然后引导幼儿认真观看。看看爸爸妈妈分别在干什么（请两个大班幼儿分别扮演爸爸妈妈，一边唱歌一边进行表演），这样就自然引出了歌词的内容。

再如小班数学活动《1 和许多》中，教师可以先创设一个"小兔过生日"的生活情境，引导幼儿观看小兔过生日时收到了哪些礼物，并让幼儿用语言来表述。如一个蛋糕，一辆汽车，许多颗棒棒糖，许多朵花儿等等，然后，让幼儿找找教室里面还有哪些东西是一个的，哪些东西是许多个的。在此过程中，幼儿自然而然地习得了关于"1 和许多"的粗浅概念。

2. 故事情境导入。幼儿喜欢听故事，故事里的情节容易唤醒幼儿的思维。在教育教学中运用故事来创设情境，可以帮助幼儿更快地发现问题，从而积极地进行思考与探究。

如大班科学活动《有趣的哈哈镜》中，教师可以通过讲述故事《狮子照哈哈镜》来激发幼儿探究凹凸镜的兴趣与欲望。故事讲完后，通过提问来引发幼儿的思考：小猫用什么办法吓跑了大狮子？小猫家的镜子有什么特殊的本领？为什么镜子里的小猫变得很大，而大狮子却变得很小呢？镜子里面到底藏着什么样的秘密？然后引导幼儿通过操作来探索与发现凹凸镜的秘密所在。

又如大班社会活动《环境保护靠大家》中，教师先给幼儿讲述《美丽家园》的故事，然后提问"故事里面的小动物为什么都要离开自己美丽的家园"，引发幼儿思考，在此基础上组织幼儿进行讨论与交流，从而使得幼儿懂得美丽的环境要靠大家共同维护。

再如大班语言活动《城市老鼠和乡下老鼠》中，教师先讲述故事的开头，然后设置悬念，用开放式的问题激发幼儿想象故事内容："一天，城市老鼠和乡下老鼠腻了现在的生活，它们想交换一下：城市老鼠到乡村去生活，乡村老鼠到城市去生活。你们觉得会发生什么有意思的事情？"引导幼儿结合自身的生活经验来猜测故事的发展情节与结果，在幼儿猜测的基础之上，再引导幼儿观察图片、讲述故事。

3. 游戏情境导入。游戏是幼儿园最基本的教学组织形式，也是幼儿最为喜欢的活动。在游戏过程中，孩子们主动积极，身心自由愉悦。因此，把教育意图寓于幼儿喜欢的游戏之中，可以使他们对教学内容产生浓厚的兴趣，让他们在润物无声的过程中积极地思考与探究。

如小班数学活动《区分上下》中，教师可以先带领幼儿做"看看谁做得又对又快"的游戏，让幼儿按照教师的要求行动。如，站到小木桥的上面，躲到桌子的下面等等，引导幼儿说出自己在什么上面、什么下面等，然后再带领幼儿玩"送玩具回家"的游戏，如把小猫玩具送到床上，把火车玩具送到床下的盒子里等等，在游戏过程中，让幼儿逐渐从自我为中心区分上下，到以客体为中心来区分上下。

又如小班音乐活动《我爱我的小动物》中，教师可以先带领幼儿玩"我说你猜"的游戏。教师问：我爱我的小狗，小狗怎样叫？幼儿回答：汪汪汪、汪汪汪，汪汪汪汪汪。边回答边表演小狗叫的动作。让幼儿在师生互相问答的游戏过程中，逐步熟悉歌词，从而为进一步学唱歌曲打下良好的基础。

再如大班科学活动《奇妙的植物色素》中，老师可以采用"魔术表演"的方式导入，引发幼儿对颜色变化的兴趣。教师先出示白色手帕，然后悄悄在白色手帕中藏进绿叶，随着魔幻的音乐不断揉搓，白色手帕就变成了绿色印花手帕。魔幻般的音乐氛围、教师夸张幽默的表演，把孩子带入了一个神奇的游戏情境中，他们会对白色的手帕怎么会变成绿色手帕产生疑问，在教师提供的材料中进行积极的探索与发现。

4. 开门见山导入。这是一种最简单、最常用的导入新课的方法。一般在教学的时候，教师可利用简单的语言直接交待活动的主要内容，并向幼儿提出活动的具体要求和方法。

如小班健康活动《信号灯》中，教师直接提问："小朋友们，你们会看红绿灯走路吗？让老师来考考你们。"接着教师出示红灯、绿灯教具，引导幼儿"红灯停、绿灯行"，然后配以儿歌开展游戏。

再如小班健康活动《我的小脚丫》中，教师直接抛出话题："我们每个小朋友都有一双小脚丫，现在看看你自己的小脚丫是什么样子的，然后再看看好朋友的小脚丫是什么样子的。"引导幼儿直接观察自己和同伴的小脚丫，然后带领幼儿赤脚在不同材料的地面上走走、跑跑、跳跳，体验脚底不同的感觉。

5. 直观形象导入。由于 3—6 岁幼儿的思维以具体形象思维为主，对有些内容不易理解和掌握，这时教师可以借助一些辅助手段，如实物、挂图、录像、投影等工具进行导入，让孩子在听、看等多通道感知的过程中丰富对事物的了解与感受。

如大班音乐活动《鞋子也会嗒嗒响》中，教师可以直接出示实物木屐（幼儿已经和家长共同了解过日本的木屐），然后提问："这是什么？穿着木屐走路会发出什么样的声音呢？我们一起来听一首好听的歌曲《鞋子也会嗒嗒响》，听完之后说说看，歌曲里面唱了些什么？"然后在此基础上组织幼儿进行歌唱与表演，体验日本舞的风格。

再如教大班美术活动《京剧脸谱》中，教师可以直接播放《说唱脸谱》片段，让幼儿感受京剧脸谱色彩、图案的美，然后逐一展示不同京剧人物的脸谱挂图，让幼儿初步了解不同的颜色表示不同人物的性格，并引导幼儿发现京剧脸谱与平常脸的相同与不同之处，从而为幼儿亲手制作京剧脸谱打下良好的基础。

6. 利用旧知导入。苏霍姆林斯基说："教给学生能借助已有的知识去获取知识，这是最高的教学技巧所在。"幼儿园各个领域的教育内容是一个有机的整体，很多新旧知识和概念之间存在着一定的联系。因此，教师可以利用孩子已有的知识经验直接导入新知。

如大班数学活动《学习 8 的组成》中，教师可以先从复习 7 的组成开始，和幼儿玩合起来是 7 的碰球游戏，然后提出学习要求："我们已经知道 7 分成两份，有 6 种不同的分法，今天我们来学习 8 的组成，看看 8 分成两份可以怎么分。"再引导幼儿操作，从而学习 8 的组成。

再如大班美术活动《我设计的高楼大厦》中，教师可以直接先从提问开始："上一节美术课，老师和小朋友一起欣赏了很多造型独特的建筑物，今天我们一起来做设计师。你想设计什么样的高楼大厦呢?"然后引导幼儿在欣赏建筑物的基础之上,设计出自己心中最喜欢、功能最独特的高楼大厦。

二、新知展开要富有科学性与渐进性

当幼儿对所学内容产生浓厚的兴趣和强烈的好奇心后,教师应及时组织丰富多彩的活动,让幼儿在教师所创设的不同情境中,对所学内容进行自主探究与学习,从而获得对所学内容的初步感知。

1. 利用图谱,帮助幼儿理解所学内容。维果茨基认为:"幼儿的任何学习活动都需要中介因素,需要通过符号来帮助他们提升和巩固学习经验。"图谱生动形象,符合儿童形象思维占优势的思维特点,它能更具体、更直观地展现出歌曲、儿歌的结构、内容,不仅能够促进幼儿自主地学习,便于幼儿理解和记忆所学内容,还可以促进幼儿的观察、比较与思考能力的发展。课堂教学中运用图谱,可使幼儿的思维处于较为兴奋的状态,让他们在玩中学、乐中学,从而学得愉快,学有所得。

如大班歌唱活动《溜溜歌》中,教师可采用象征性符号来代替歌词。例如,第一段:"稻谷熟了,黄溜溜溜溜;橘子熟了,红溜溜溜溜;葡萄熟了,紫溜溜溜溜;棉桃开了,白溜溜溜溜。"其中"稻谷、橘子、葡萄、棉桃"可分别用可爱的图片来代替,"黄溜溜溜溜""红溜溜溜溜""白溜溜溜溜"则用相应颜色的卡纸宝宝来表示。这样,幼儿很快就能在音乐的伴奏下学唱歌曲了。

再如大班欣赏活动《狮王进行曲》中,音乐的开始部分为小动物欢迎狮王的一段音乐,教师可将这段音乐用粗细不同的竖线来表示,而且几声就用几条竖线,重音用粗线条,弱音用细线条,这样幼儿既能了解音乐引子的变化,又能了解音乐中强、弱音的变化。而狮王走路的音乐可用狮王的脚印来表示,狮王大吼的音乐用弧形锯齿。这样,幼儿在音乐背景的烘托中,再加上图谱的帮助,就能很容易联想到音乐表现的情景了。

又如大班集体舞活动《我们不怕大野狼》中,教师可用不同的图谱来表示不一样的队形，如八字形、满天星队形、三角形、半圆形、三横排等等，然后让幼儿在倾听音乐的基础之上，给每段音乐配上不一样的队形，最后组合成一个集体舞。幼儿在图谱的帮助下，很快就能跟着音乐快速地变换队形，无需教师多费口舌。

而在大班打击乐活动《钟表店》中，教师可以用闹钟、布谷鸟钟、复古摇摆钟和星星座钟 4 幅小图片来表示乐曲引子、间奏、尾声等不同的钟声，让幼儿结合小图片演奏四种不同的钟声，再引导幼儿将小图片填入大图谱中。幼儿在反复倾听，充分感知音乐的基础上，很快就能找到小图片在大图谱中的位置，从而加深对乐曲中引子、间奏、尾声音乐的理解，为下个环节的乐器演奏作了很好铺垫。

再如大班儿歌活动《小雨》中，教师可用水滴表示小雨，用一群短线表示下雨，用耳朵表示听到了雨滴的声音，用可爱的种子、大树、草儿、小朋友等图片代替儿歌中的种子、大树、草儿以及小朋友等。幼儿在图谱的帮助下，很快就能理解儿歌内容，并初步感知儿歌句子的结构特点，对儿歌学习充满兴趣，自然而然地就能在教师的带领下朗诵儿歌了。

2. 通过操作，促使幼儿主动探究发现。《幼儿园教育指导纲要（试行）》指出：教师要提供丰富的可操作材料，为每个幼儿都能运用多种感官、多种方式进行探索提供活动的条件。操作材料是幼儿学习和探索的刺激物、中介和桥梁，是教师引发、支持幼儿探究，实现教育目标和内容的载体。当幼儿发现了问题之后，教师应该及时为幼儿提供适宜的结构材料，引导幼儿通过操作各种材料，获得有关经验，发现各种奇妙的有趣的问题，延续其继续探索的欲望。

在小班科学活动《酸酸甜甜的山楂果》中，当幼儿品尝到山楂糕、山楂片、山楂条，知道这些都是由一种叫山楂的水果制成的后，教师可以为幼儿提供苹果、香蕉、橘子、山楂等水果，让幼儿从中找出山楂果，使幼儿在山楂果和苹果、香蕉等水果的对比中，初步感知山楂果小小的、圆圆的、红红的特征。

在中班数学活动《7 以内数的守恒》中，教师可为幼儿提供相同数量而排列形状或颜色、大小不同的水果与相应的动物卡片，然后引导幼儿对动物和水果进行匹配，要求把同样数量的水果送给同样数量的动物。幼儿通过观察、比较、操作，能不受物体形状、大小、颜色、排列顺序不同的影响，正确判断并感知 7 以内物体的数量。

又如中班数学活动《按规律排序》中，在幼儿感知到物体排序的一定规律后，教师可以为幼儿提供不同的操作材料，如项链、图形等，让幼儿自由选择材料，按照项链的不同颜色、图形的不同形状等分别进行有规律的排序，从中感受规律的美。

而在中班社会活动《我们的心情》中，当幼儿知道每个人都有各种表情后，教师可以为幼儿提供各种表情宝宝，如惊讶、生气、大笑、嚎啕大哭等，以及小朋友在不同情境中的表情，让幼儿为不同情境中的小朋友选择相应的表情宝宝。在匹配表情的过程中，幼儿学会从表情上判断他人的感受。

再如大班语言活动《小蝌蚪找妈妈》中，当教师讲述完小蝌蚪与鸭妈妈的对话后，可以为每个幼儿准备小蝌蚪分别遇到大鱼、乌龟、白鹅的图片，并提出问题：小蝌蚪继续找妈妈去了，他们还会找到谁呢？找到以后会对它说些什么呢？然后请幼儿自己把 3 张图片进行排队，看看小蝌蚪先找到谁，后找到谁，最后又找到了谁，一边排队，一边自己讲故事。小蝌蚪和鸭妈妈的对话，为幼儿自由地讲述故事奠定了基础，孩子们在自由操作图片的过程中，自主地创编故事情节。

3. 创设情境，丰富幼儿对所学内容的感知。适宜的情境不仅是精彩导入的手段，也是帮助幼儿理解教学内容、深化体验的一种有效路径。营造一个生动的情境，不仅可以引起孩子的亲切感和新鲜感，调动他们大脑皮层中的优势兴奋中心，提供想象与思维的前提，还能促使孩子在这种兴奋状态中对问题做层层深入的思考，从而使他们在一种轻松愉快的氛围中学到真本领。

生活情境：在大班数学活动《认识人民币》中，当幼儿初步感知了 1 元、5 角和 1 角面值的人民币后，教师可以创设"超市购物"的情境，让幼儿在具体的情境中根据人民币的面值自由选择货架上的商品，或根据商品价格点数选择相应数量的人民币。通过富有浓厚生活气息的情境，进一步加深幼儿对人民币面值的感知，并在此过程中提高语言表达以及与人交往的能力。

多媒体情境：在大班音乐欣赏活动《春》中，当教师通过直接提问让幼儿知道现在是春天，并通过讨论知道春天有哪些景色后，教师可以根据音乐内容制作多媒体课件，营造一个美妙的春天情境。如阳光明媚的春天到了，柳树舒展开了黄绿嫩叶的枝条，在微微的春风中轻柔地拂动，就像一群群身着绿装的仙女在翩翩起舞。夹在柳树中间的桃树也开出了鲜艳的花朵，绿的柳，红的花，真是美极了！波光粼粼的池塘中有几条美丽的金鱼欢快地嬉戏着，露出了甜美的笑容。农民伯伯在这充满诗意的意境中欢快地耕地播种。孩子们置身于优美、欢快的氛围中，边欣赏、边体验，感知活泼、欢快的音乐性质与旋律特点，接受潜移默化的艺术感染。

表演情境：在大班美术活动《小蝌蚪找妈妈》中，当教师通过猜谜语让幼儿知道了绘画的主题后，可以组织"小蝌蚪找妈妈"的情境表演，让幼儿在欣赏情境的过程中产生浓厚的兴趣，从而不知不觉地了解了青蛙的外形结构特点，为接下来的绘画奠定良好的基础。

故事情境：在小班健康活动《理发》中，当教师通过谈话引导幼儿交流理发的过程和体验后，可给幼儿讲述《小狮子理发》的故事，并通过提问"小狮子的头发长又脏，它感到哪里不舒服？螃蟹理发师是怎么样给小狮子理发、洗发的？小狮子理发前后有什么变化"等，使得幼儿进一步感受到勤理发、常洗发对人身体健康的益处。

游戏情境：在中班语言活动《苹果蹲》中，当幼儿知道各种水果的特征后，教师可组织幼儿玩"苹果蹲"游戏。每个幼儿戴上水果胸卡扮演各种水果，围成一圈边念儿歌边做下蹲的动作，如苹果蹲，苹果蹲，苹果蹲完梨子蹲；梨子蹲，梨子蹲，梨子蹲完香蕉蹲……在游戏过程中，幼儿不知不觉地就练习了每个字的发音，并体验到了集体游戏的快乐。

游戏情境：在中班体育活动《老鹰来了》中，当幼儿跟着教师练习小鸟飞、转、跳、理羽毛、捉虫子等本领后，教师可组织幼儿玩"老鹰来了"的游戏。让幼儿知道老鹰来了要赶快躲闪，老鹰走了可以自由地玩耍。在游戏过程中，幼儿练习四散跑，知道奔跑时不互相碰撞。

4. 组织讨论，加深幼儿对所学内容的感受。讨论是一种有效的教学方式。它既尊重了幼儿在学习中的主体地位，也顺应了幼儿的学习特点；既让幼儿学得愉快，又让教师教得轻松。讨论既是一种多边的活动，教师与幼儿的讨论，幼儿与幼儿的讨论，你一言，我一语，能起到相互交流、相互启发的作用。同时，讨论又是探索的活动。因为讨论不是单纯的传播和注入，而是在教师引导下围绕问题的展开，互相启发，共同探究，从而丰富、加深对事物的感知。

在大班语言活动《熊医生过河》中，当幼儿在看图过程中发明了许多过河的新办法后，教师可以运用讨论的方式，让幼儿参考别人的意见，结合自己的想法，找到真正能解决问题的方法。如："大家想到了很多帮助熊医生过河的办法，但是哪种方法最有效呢，我们一起来讨论一下。"通过讨论，让幼儿各抒己见，在讨论中明晰认识，解决问题。

在大班数学活动《6的组成》中，当幼儿通过操作把6分成不一样的两份后，根据幼儿不同的分法，教师可组织幼儿围绕"哪一种分法更好"进行讨论。通过讨论，让幼儿知道按照一边递减一边递增或运用交换位置的方法比较有效，不容易遗漏掉任何一种分法。

在中班音乐活动《有趣的洗衣机》中，当教师以谈话的形式让幼儿明确活动的主题，即"你们知道洗衣机是如何工作的吗"后，组织幼儿讨论"洗衣机洗衣服的流程"。通过讨论，使幼儿懂得洗衣服的一般流程，即进水、洗衣服、放水、甩干，然后让幼儿把自己变成一个洗衣机听音乐进行游戏。

在中班健康活动《打针吃药我不怕》中，教师可先让幼儿说说自己的能干之处，然后组织幼儿围绕"害怕打针吃药的原因"进行讨论，让害怕打针和不害怕打针的幼儿进行交流与沟通，鼓励幼儿用语言说出自己真实的想法与感受。然后再继续围绕"如何克服对打针的害怕与恐惧"的主题进行讨论，通过讨论，使得幼儿掌握各种克服打针恐惧的办法。

在中班社会活动《不高兴了怎么办》中，当幼儿听完故事《爱哭的小袋鼠》之后，教师可组织幼儿围绕"遇到困难或不开心的事情该怎么办"进行讨论。通过师幼之间、幼儿之间的讨论，使幼儿懂得生气或发脾气不仅对身体不好，还可能伤害自己的好朋友。

在大班社会活动《生活中的标志》中，当幼儿初步感知不同的标志所代表的不同的含义与作用后，教师可以组织幼儿分成正反两方，围绕"生活中是否需要标志"来进行辩论。通过辩论，使幼儿进一步懂得生活中离不开各种各样的标志，并知道了要按照标记的要求来行动。

又如，在大班语言活动《快快国和慢慢国》中，当小精灵来到快快国和慢慢国看到不同情景时，教师可以先引导幼儿讨论"你们喜欢快快国的生活还是慢慢国的生活"，然后把幼儿分成正反两方，围绕主题"快好还是慢好"进行辩论。在辩论赛中，幼儿能够运用自己已有的知识和经验及推理来维护、完善、证明自己的观点的正确并批判他人的错误，为本方获胜而积极思考，思维互补互动。

三、新知巩固要富有成效性和拓展性

结束环节是一个完整的教育教学活动必不可少的有机组成部分。"一个好的结束是下一个活动开始的有效铺垫"，因此，精心设计一个适宜而有效的结束方式很有必要。

在设计活动结束环节时，一要遵循动静交替的原则，即如果活动过程的主体部分是在静的状态中进行，则在结束方式的设计上应适当结合动的形式；活动过程的主体部分是在室内进行的，则结束方式的设计可适当采用户外活动的形式等等。二要体现综合教育的思想，比如数学教育活动"学习 6 的加法"，在活动过程中已运用操作法、演示法等基础之上，结束则可采用游戏法，即让幼儿玩打扑克游戏来结束。而美术教育活动的绘画活动，则可以要求幼儿用比较连续完整的语言讲述介绍自己作品的形式结束。总而言之，在设计思路上，务必要做到全面分析，综合考虑。

1. 以游戏方式结束。这是最为常用和适用范围最为广泛的结束方式。游戏形式为幼儿所喜爱，在一些旨在让幼儿巩固加深或是迁移所学内容的教育活动的结束部分，常采用此种方式。

在小班科学活动《气球》结束时，教师可组织幼儿玩气球变大变小的游戏。教师和幼儿手拉手围成一个"大气球"，当教师说"气球变大了"时，幼儿手拉手边发出"呼哧呼哧"吹气的声音边向后退，努力把"气球"变大；当教师说"气球变小了"时，幼儿手拉手边发出"嗞嗞"漏气的声音边往圈内走，努力把"气球"变小。幼儿通过亲身游戏，进一步体验气的多少与气球大小的关系。

在小班健康活动《幼儿园里真快乐》结束时，教师可邀请中大班的哥哥姐姐和小班小朋友一起玩"找朋友"音乐游戏。通过游戏使得幼儿进一步体验到在幼儿园和老师、同伴共同活动的快乐。

在小班语言活动《虫虫飞》结束时，教师可以组织幼儿两两结伴玩"虫虫飞"的游戏，重复游戏后，还可以更换虫儿飞的地点等，进一步拓宽游戏内容，增强游戏的趣味性。

在小班数学活动《有趣的图形》结束时，教师可以带领幼儿玩"看谁举得又对又快"游戏，如教师说"红红的三角形在哪里"，手拿红色三角形的小朋友边站起来边说"红红的三角形在这里"等等。通过游戏，幼儿能够进一步感知各种图形的特征，并学会用完整的语言加以表述。

在大班集体舞活动《我们不怕大野狼》结束时，教师可带领幼儿玩"打大野狼"的音乐游戏。幼儿在倾听音乐的过程中，根据音乐的变化，先开始对森林进行巡逻，然后进行队形变化练习，以及跟着音乐节奏打大野狼，最后高高兴兴地回家。舞蹈队形练习与音乐游戏完美结合，进一步丰富了活动的内容，激发了幼儿游戏的积极性。

在大班社会活动《祖国是个大家庭》结束时，教师可带领幼儿玩"看谁说得快"游戏。教师连续出示各民族娃娃的卡片，让幼儿说出其民族的名称、服装、饮食以及习俗等特点。通过游戏，让幼儿进一步了解各民族的特点，并萌发尊重少数民族的情感。

2. 以表演方式结束。为使幼儿对整个活动内容有更深层次的理解体会与感受，教师常用表演的方式来结束活动。这种结束方式常见于幼儿艺术教育活动（音乐、美术及幼儿文学作品教育等）。

在小班儿歌活动《轻轻地》结束时，教师可以让幼儿分别扮演小兔、小狗，边念儿歌边表演。在熟悉歌词的基础上，提出问题：如果其他小动物也来到了草地上，它们应该过草地吗？再让幼儿扮演其他小动物，并创编出相应的儿歌。

在小班音乐活动《拔萝卜》结束时，教师可以组织幼儿进行"拔萝卜"的表演活动。全班幼儿分别担任相应的角色，并在教师和同伴的帮助下适当装扮自己，然后在音乐的伴奏下，边唱边表演。

在大班语言活动《小蝌蚪找妈妈》结束时，教师可以组织幼儿进行故事表演。教师提供足够数量的小蝌蚪、鸭妈妈、鱼儿以及青蛙的头饰（或胸饰），让幼儿自由选择角色，并自由组合分角色表演。通过表演活动加深幼儿对故事的理解与体验，培养幼儿与人交往以及大胆表述的能力。

在大班美术活动《我们是小小的设计师》结束时，教师可以组织幼儿表演服装秀，让幼儿跟着音乐在"T形舞台"上展示自己利用废旧物品设计成的服装。通过游戏，不仅可以让幼儿体验到设计成功的快乐，还能激发幼儿设计更多更好作品的愿望。

在大班美术活动《京剧脸谱》结束时，可以让幼儿分别戴上自己喜欢的京剧脸谱，在京剧音乐的伴奏下，按照角色要求进行表演，体验京剧表演的独特魅力。

在大班音乐活动《龟兔赛跑》结束时，教师可以组织"龟兔赛跑"的故事表演。全部幼儿分别扮演兔子组、乌龟组和观众组，在倾听音乐的过程中大胆地表演。在表演过程中，幼儿可以互换角色，充分体验同伴间相互协作与扮演角色的快乐。

3. 以展览方式结束。为了促使幼儿之间的相互学习与沟通，同时更好地拓宽幼儿思维的视角，在社会、艺术领域等活动结束时，我们可用作品展览或成果展览的方式结束活动。

在中班数学活动《按规律排序》结束时，教师可以展示幼儿的排序作品，如串成的项链，装饰的花边等，让幼儿互相欣赏有规律排序的美。

在大班社会活动《祖国妈妈的生日》结束时，教师可以把幼儿和家长共同搜集准备的祖国各行各业所取得的成就的资料布置成"祖国成就展"。在观赏祖国成就的过程中，萌发幼儿初步的爱国情感。

在大班社会活动《我爱我班》结束时，教师可组织"我最喜欢的班徽展览及评选活动"。把幼儿两人一组设计的班徽展览在大黑板上，让幼儿自由投票选择自己最喜欢的班徽，然后把得票最多的班徽作为班级的象征。

在小班美术活动《给小树穿上绿衣裳》结束时，教师可把幼儿的涂色作品进行展览，看看谁的小树衣服最漂亮。通过展览，激发幼儿爱画画的初步情感。

在中班美术活动《编手绢》结束时，教师可把幼儿用彩色纸编制的手绢展览出来。让幼儿欣赏不同颜色纸编制的手绢，以及按照色彩有规律编制的手绢的美，从而激发幼儿的创作欲望，体验动手操作的乐趣。

在大班美术活动《爸爸的领带》结束时，教师可组织幼儿布置"爸爸的领带"展览会，让幼儿互相欣赏各自创作的作品，在欣赏过程中相互交流，大胆评价，说说哪条领带的颜色最漂亮，图案最特别等等。

在大班美术活动《京剧脸谱》结束时，教师可与幼儿一起把幼儿制作的脸谱布置成"京剧脸谱装饰展"。在欣赏过程中，幼儿可以分享同伴的创意，体验创作的快乐。

4. 以讲评方式结束。讲评主要是将活动情况（包括知识、技能的掌握情况，品德行为、个性品质的培养与发展情况等）反馈给幼儿，让幼儿的优点或不足能及时地得以巩固或纠正，以利于幼儿身心更好地发展。讲评工作可由教师、幼儿或师幼共同承担。

在大班数学活动《学习7的组成》结束时，教师可以对幼儿的操作结果进行评述，对能按照规律进行7的分成的小朋友进行鼓励，同时表扬在活动中有进步的幼儿，如能大方地用语言表达自己的操作结果，能完成老师提供的多组活动材料的操作等等。

在大班语言活动《猫和包》结束时，教师可以对幼儿学说绕口令的情况进行讲评，赞赏幼儿在活动中的表现，对在绕口令活动中有特殊表现的幼儿可以给予一定的奖励，如拥抱或奖励一个小五角星等，激发幼儿学说绕口令的愿望。

在大班音乐活动《爷爷为我打月饼》结束时，教师可以对幼儿在整个活动中的歌唱以及演奏情况进行讲评，如演唱的声音、表情、节奏等，也可以请幼儿对其他小组的演唱和演奏进行评价，说说他们表现好的地方和需要改进之处。

在大班美术活动《我设计的船》结束时，教师可以对幼儿设计的作品以及幼儿在活动中的表现进行讲评，如，作品的造型、色彩以及幼儿语言的表达、材料的整理等方面。也可以让幼儿对其他同伴的作品进行点评，说说自己喜欢这个作品的理由等等。

5. 以小结方式结束。小结旨在让幼儿对整个活动所涉及的应该掌握的知识或技能有个较完整的清楚的认识（印象）。这种结束方式常见于幼儿园科学、社会、语言等领域活动。

在小班科学活动《认识小鸡》结束时，教师可以和幼儿一起小结结束活动。如，今天小朋友认识了什么，知道了小鸡有几条腿，它最喜欢吃什么等等，让幼儿对小鸡有个完整的印象。

在中班健康活动《我会用毛巾、纸巾、便纸》结束时，教师对活动可以做如下小结：今天小朋友知道了纸巾可以用来擦鼻涕、擦嘴巴，便纸用来擦大小便，用完以后要扔进垃圾篓子里面，不能随便乱扔。

在中班社会活动《特殊的电话号码》结束时，教师可以边指出图片边和幼儿共同小结：今天我们知道了 110、119、120 这 3 个特殊的号码，并知道了这 3 个特殊号码的用途，那么什么时候需要打 110、119、120 呢？以这样边提问边让幼儿回答的方式结束活动。

在大班科学活动《水仙花生长记》结束时，教师可以对水仙花的生长情况做小结，增进幼儿对水仙花的认识。如：水仙花的生长与生存的环境有关，它生长发育的不同阶段需要不同的环境条件；在开花期间，如果温度过高，就会开花不良或不开花；在温度适当的情况下，水仙花喜欢光照；水仙花生长期间如果缺水就生长不好。

6. 以自然方式结束。一般在教学活动的结尾，也可直接用简短的语言作简单的交待来结束活动，无需再另外设计一个专门的结束方式。

如科学教育中的小实验操作活动，可以请幼儿把操作材料投放到科学角，并交待想玩的幼儿还可以在自由活动等时间继续去玩，然后结束活动。有时也可以交待幼儿将当天学的新本领回家去告诉爸爸妈妈，或留问题让幼儿回去思考等，自然结束。

除此之外，在结束方式的设计上，还应考虑到具体的教育领域（教育内容）性质的不同及年龄班差异等因素。如，美术活动一般以讲评作品方式结束，数学活动常以游戏或操作法等方式结束，幼儿文学作品教学活动常以表演方式结束等等。就是同一教育领域同一种活动类型，结束方式也往往存在着明显的年龄班差异，如同是看图讲述，小班常以示范小结方式结束，中大班则常以讲评幼儿讲述情况的方式结束等等。

第七节　说课需要注意的事项

为了使说课取得更为显著的成绩，使应聘教师在面试环节中脱颖而出，职评教师顺利通过高级教师资格评审中的说课环节，老师们在说课时，还需把握好以下几点：

一、要有充分的准备

"说课是一门艺术，它要求教师在短时间内谈完一节课设计的整体思路，这就需要说课教师在活动之前做好充分准备，特别要做好充分的心理准备。"良好的心理素质，是保障说课成功的前提。而良好的心理素质不仅取决于教师个人的文化底蕴，还取决于教师说课前所进行的各方面的准备工作。

1. 正视心理障碍的存在。一是要告诉自己，没有哪个人上台前不紧张的，即使是久经沙场的演讲老手。因此要坦然面对和接受自己的紧张，承认自己的紧张是正常的。适度的紧张是成功的一半，心理学研究表明，适度的紧张可使人们的反应加快，动作敏捷，记忆力增强，从而提高工作和学习效率。二是要运用积极的心理暗示，因为，积极的心理暗示是自信的源泉。要告诉自己：今天的我已经做好了充分的准备，今天的我非常阳光等。用积极的语言和自我对话，不断强化必胜的信心，让这种良好的、积极的心态成为说课前的一种心境，那么，上台说课时的紧张心理就会渐渐被淡化，被忽略。

2. 奠定广博的知识基础。"要给学生一瓢水，教师就得有一桶水。"在说课活动中，教师所掌握的知识的广度和宽度、教师教育教学技能运用的程度不仅关系到说课教学活动的质量，也关系到幼儿教师自身的威信和在听课者心目中的地位。曾经有位教师参加上海市、浙江省、江苏省共同举办的班主任教育教学技能大赛，面试时评委提出了这样一个问题：请大家谈谈对钓鱼岛问题的认识。很多教师对这个问题的了解都处于较为浅显的层次，而且大家的认识相差无几。而这位教师平时喜欢听各种讲座，不仅听教育方面的讲座，也喜欢听有关政治、社会等方面的讲座。不久前，他利用双休日正好听到了某军事专家对钓鱼岛问题的剖析，因此，针对这个问题，他侃侃而谈，面试成绩无疑遥遥领先。这个事例说明，机会总是垂青于有准备的人。因此，教师为了提高自身的说课艺术，就必须努力学习各方面的知识，提升自我的文化修养，只有这样，说课时才有充足的底气，才能立于不败之地。

3. 潜心准备说课的内容。这里的准备，并不是指简单机械地熟背说课稿。因为一旦逐字逐句地开始背诵讲稿，就很容易遗忘面前的听课对象，只顾着完成自己的说课任务，缺少了和听课对象的交流。这里强调的准备，一是固然要对整个说课内容了然于胸，如，对说课内容的前后衔接，对这一内容在所教领域以及主题活动中的重要性深入理解和深度解读，对说课稿中的层次、内容、情境、理论、观点等要熟知。二是要在说课前，可以对着镜子或家人、同伴试着练习说课，让他们做你的评委，为你的说课把脉，如帮你控制时间，评价你说课的语言、内容、整个说课状态等等。三是要求说课者在说课准备的过程中，把自己的心真正沉潜下来，不仅要知道教什么、怎么教、为什么这样教，还要和自己已有的各方面知识水乳交融，把所要阐述的课理尽可能内化为自己的理解和表达。只有这样，才能在说课时真正达到舒缓自在、激昂跌宕的效果。

二、要有良好的仪表

作家尤今在《生活中的小哲学》中讲到儿子应聘的故事，让我们深受启发：有家跨国银行征聘理财专员，儿子刚自美国负笈回来，致函应征。不久，接到来自伦敦总部的电话，定了日期和时间，要和他进行第一轮的电话会谈。这一关过了，才能获得飞往海外进行正式面试的机会。电话会谈定于十时进行。当天九时许，我看见他郑重其事地穿了大衣，打了领带，在电话旁边正襟危坐，忍不住笑了起来，揶揄道："嘿，电话会谈而已，打扮得那么神气干吗呀？对方都瞅不见你，犯得着这样大张旗鼓吗？"没有想到，他竟然正经八百地应道："妈妈，如果我现在穿着背心和短裤，我的心情必然也是轻松适意的，那么，我说出来的话，也许就不够慎重了。再说，对方是在办事处给我拨电话的，他衣冠楚楚，我又怎么能不给予他应有的尊重呢？"我很惭愧。在别人见不着的地方严于律己，才是最大的自律啊！终于，过五关斩六将，他顺利获得了那份工作。

良好的仪表就要于细节处精心，于别人视而不见处调理，只有这样才能悦人悦己。《现代汉语词典》对人的仪表解释为"人的外表包括容貌、姿态、风度等"。幼儿教师这一职业对仪表则有着更为严格的要求，因为幼儿教师的一言一行对幼儿有着直接的影响。而在说课时，幼儿教师的仪表也是评分的重要项目之一。因此，幼儿教师在说课时，要注意自己的着装、眼神、肢体表现等，尽量给听课者留下良好的印象。

1. 清新雅致的着装。在社会上大多数人的眼里，幼儿教师一般是服装潮流的引领者，衣着比较时尚，有时候还比较另类，尤其是年轻教师。而教师选聘活动中邀请的评委，一般都是相对比较成熟的教师，也许对这种另类的服装不容易接受。因此，应聘教师在说课活动中，穿着尽量不要标新立异（如尽量不要穿吊带低胸、露脐装，不化浓妆，不留过长的指甲，不涂抹指甲油，不要披发，不穿拖鞋等等），要么阳光简洁，要么端庄雅致，尽量彰显幼儿教师的职业特征。

2. 明朗真诚的眼神。"眼睛是心灵的窗户。"如果说课时眼神游离，要么死盯着地板看，要么看着说课稿不放，或者目光自始至终只盯着一处看，这些都会影响说课的成绩。因此，教师在说课时，要尽量和每一位评委、听众进行眼神的交流，可以和面带微笑的评委多交流，和表情严肃的评委少交流，这样既有利于自己的正常发挥，也能很好地尊重评委。只有与听众之间进行良好的目光交流，才能让你的说课更具现场感，更具感染力。

3. 自然大方的表情。走进说课室时，要自然爽朗，落落大方，不卑不亢。要根据说课内容进行适当的表情辅助，或激昂，或深邃，或欢快等。而在说课站立时身体要挺直，不要摇摆不定。说课过程中，不要随意地走来走去，如果说错了，也尽量不要随意地吐舌头，频繁地眨眼睛或皱眉头等。距离评委的位置还要适中，要尽量找到和评委能够正常交流的位置。因为，太远了，会影响和评委的交流，而太近了，也不利于说课的正常发挥。

4. 适宜的肢体动作。和目光、表情一样，说课教师有时还要配合适当的肢体语言。因为适当的肢体动作，不仅可以缓解说课者紧张的心理，还能释放表达的热情，使得说课声情并茂、动静相宜。当然说课过程中的肢体语言要避免矫揉造作，避免肢体语言过多或老是重复同一个动作，要运用得潇洒大方、自然得体。如手势的收放、双肩的起落、头颈的摆动等，要因人而异，扬长避短，要尽量和说课内容浑然一体，以达到最佳的说课效果。

5. 清晰的语言表达。良好的语言表达能力是教师必备的素质之一，通过说课，可以检验教师的书面语言与口头语言的表达能力。说课前教师的准备工作大多是书面语言，说课时则要将书面语言口语化。教师说课要运用标准的普通话，语气要流畅自然，语调要抑扬顿挫，语速要快慢适中。语速太快了影响听课者的思考，语速太慢又会影响传递信息的容量。在说课前可以做一下测量，一般一分钟说 120 左右个字为宜。

6. 从容优雅的收尾。就像精心设计一节课的结束部分一样，良好的收尾能给评委留下意犹未尽的感觉。很多应聘教师由于比较紧张，一等把说课内容讲完，就匆匆鞠躬仓皇逃离说课室，有时候甚至连自己的说课证等随身物品都忘记拿了，这不仅显得有些失礼，甚至还会影响评委的最终评判。因此，在说课结束后，最好要深呼吸，调整自己的心态，然后镇静自若地说：以上就是我今天说课的全部内容，谢谢大家，老师们辛苦了。说完后，大方微笑地鞠躬，从从容容地退场，为自己的说课画上一个圆满的句号。

三、要有独特的表现

每一个应聘教师对说课流程都会准备得相当充分，他们会熟记每个环节的理论依据，甚至会在心中储备好几种不同课型的说课图谱，因此，要想在众多的应聘者中表现得超凡脱俗，还必须做到以下"四有"：

1. 有思想。思想是行动的先导。在说课时，要用思想来统帅说课的全过程。思想能指导你从"道"出发，再落实到操作方法，从而把教育教学说得逻辑清晰，在简单中体现深刻，在朴实中彰显智慧。如在说教法和学法的时候，不应该简单笼统地说"我运用了情境创设法、多媒体演示法等多种教学方法，幼儿运用了实践探究、合作讨论等学习方法"，而是要系统分析哪些方法对本课题的教学情境来说是最好的，说清楚这些方法是如何有机地融合在教学的各个环节中，讲明白为什么要运用这些教学方法，以及怎样运用这种教学方法。这样既有思想性又有操作性的阐述，正是评委想看到而一般刚刚从学校出来的教师很难做到的，如果你能够巧妙运用，那你一定能胜人一筹。

2. 有重点。在说课中，衡量一个教师说课效果的基本标准之一，就是要看教师在说课中能否突出重点。说课不是宣讲教案，不是浓缩课堂教学过程。说课时不要面面俱到，只有抓住重点，突出重点，课才会说得精彩，才会给评委留下深刻的印象。因此，在说目标的确定、方法的选择、学法的指导、展开的程序等必要环节的过程中，可以重点说其中的某一项内容或者某一个特色处理。如，某一个故事是如何讲述的，或某一个科学概念是如何操作得来的，或某一个游戏是怎么设计的等等，以充分展示说课者把握教材的准确度，处理教材的灵活度，对幼儿年龄特征和发展水平的了解度和说课技巧的成熟度。当然，说课在突出重点的同时，还要注意前后表达的一致性和连贯性，做到逻辑紧密，环环相扣，确保说课内容的完整性和系统性。

3. 有感情。著名特级教师程少堂曾说，他最喜欢上公开课，越是人多他越会"人来疯"，越有激情。要想在短短的十几分钟内打动评委，说课者就必须充满自信，富有激情并很快地进入状态。在保证语言表达准确规范，条理体系明晰精当的前提下，要尽力做到"以知生情"，把灰色的理论说得有趣味性，把严肃的知识说得有生动性。同时，在说课中要尽量表现出爱心和以生为本的情怀。比如在说学法时，不要停留在介绍学习方法这一层面上，而是要从幼儿的角度出发，重点分析孩子在学习过程中可能出现的障碍，并分析出现这些障碍的原因，说清如何根据孩子的年龄特点和认知规律，准备创设何种教学环境和条件，来保证幼儿能够在活动过程中始终有兴趣地参与。这种发自内心的对孩子的关爱，会使得你成为有爱心有亲和力的人，也会让对面的评委激动起来，此刻你的成绩会不言而喻了。

4. 有个性。世界上没有两片相同的树叶。个性是一个人的立身之本，人的才华通常是由人的个性表现出来的。从某种意义上说，人无个性必平庸。说课也一样，说课如果没有个性，必然也吸引不了听课者。因此，说课时，如果能够抓住关键，亮出一两个出彩的地方，那么说课的表现就非同一般了。如果你能够在符合普遍教育审美的前提下，扬长避短地表现你的特长，或合理地运用语言的幽默艺术，或有意识地展露你的舞蹈、演唱、绘画、讲故事等基本功，或相机地展示你设计的精美的多媒体课件等等，让听课者在轻松活泼的氛围中，领会说课的内容，获得鲜明的印象，那么你脱颖而出的概率就比较高了。

第二章　幼儿园小班说课稿选萃

第一节　健康领域

《笑一笑》说课稿

一、说教材

《笑一笑》是幼儿园小班下学期健康领域中的一个活动。快乐作为一种积极情绪是心理健康的重要标志之一，对于幼儿的成长尤为重要。愉快的情绪既来自于成人的关怀呵护，更取决于幼儿自身的主观体验。现在的孩子大多是独生子女，在家中都是小皇帝、小公主，非常受宠，在幼儿园这个小社会中则要学习与性格各异的小朋友一同相处。小班幼儿的情绪较易受周围环境事物的影响，经常会因为一点小事、一点小摩擦而情绪低落，或嚎啕大哭或隐隐落泪。《纲要》中指出：幼儿的身体健康与心理健康是密切结合的，要高度重视良好的人际环境对幼儿身心健康的重要性。通过活动让幼儿感受到笑一笑的魔力，不仅能让自己开心，还能影响别人给别人带来快乐，愿意当一个快乐的宝宝。

二、说目标

根据小班幼儿的年龄特点、兴趣需要，教师从认知、情感等角度出发，确立了以下目标：

1. 知道笑一笑能让人更高兴，爱笑的宝宝最可爱。

2. 体验快乐的情感，愿意当个快乐宝宝。

根据目标教师将活动的重点定位于：让幼儿体验快乐的情感，知道笑一笑能让人更高兴。难点是：鼓励幼儿能积极表达自己的情感，感受开心对自己和他人的影响。

三、说准备

小班幼儿的思维以具体形象思维为主，教师只有借助事物的具体形象，才能帮助幼儿更好地理解、认识和接受。根据这一特点，教师做了以下准备：小镜子人手一面、哭脸表情卡、照相机、录有本班幼儿开心一刻的录像。

四、说方法

《纲要》中指出：教师应成为学习活动的支持者、合作者、引导者。活动中教师要心中有目标、眼中有幼儿，时时有教育，以互动的、开放的理念，让幼儿真正成为学习的主体。因此，在本次活动中教师主要采用了游戏体验法、媒体演示法、启发引导法等教学方法。

游戏体验法：游戏是幼儿的基本活动，能吸引幼儿积极参与。活动开始和结束都采用了游戏的形式，让幼儿体验开心笑一笑带来的愉快情绪。

媒体演示法：活动中教师利用事先录好的幼儿开心一刻的录像，让幼儿直观感受到自己和他人开怀大笑所产生的魔力，使幼儿的脑海中能完整地再现自己的开心一刻，帮助其更好地与同伴分享自己的快乐。

启发引导法：教师通过启发性的语言，提出开放性的问题，鼓励幼儿充分表达自己的想法和观点，让幼儿知道笑一笑能让人更高兴。

五、说过程

本次活动，以新《纲要》为指导，从幼儿的实际出发，以激发幼儿的兴趣入手，围绕目标将多种教学形式相结合，让幼儿在互动式、开放式的教育活动中，自主地、能动地、创造性地学习。具体的活动过程为：

1. 碰一碰，笑一笑。

兴趣是最好的老师。活动开始以游戏《开心碰碰车》引入，让幼儿听着音乐与同伴碰一碰、笑一笑，初步感受笑一笑给自己和他人带来的快乐。（在这个环节中幼儿以愉快的心情参与活动，教师充分调动幼儿参与活动的积极性，也营造了一种轻松愉快的氛围，为引入活动做铺垫）

2. 说一说，笑一笑。

鼓励幼儿交流刚才与同伴碰一碰笑一笑的感觉，并说说自己刚才是怎样笑的。（通过层层提问鼓励幼儿大胆表达，让幼儿知道笑一笑能让人高兴）

3. 比一比，笑一笑。

让幼儿用小镜子照一照，看看自己的笑脸有多可爱。教师再出示一张哭脸表情卡，让幼儿进行对比，说说自己更喜欢哪一种表情。（看看镜子里自己可爱的笑脸，与哭脸的明显对比，轻松地让幼儿进一步感受到笑一笑能使人开心，让人喜欢，爱笑的宝宝最可爱，成功突破活动的重点）

4. 看一看，笑一笑。

教师采用媒体演示法的形式，让幼儿观看一些本班幼儿开心一刻的录像，如：小朋友们在班级过集体生日，小朋友得到小红花，小朋友一起玩滑滑梯，小朋友一起表演等。引导幼儿回忆自己高兴快乐的时刻：自己的心情是怎么样的？是怎样笑的？还有在哪些时候会笑？（教师有意将幼儿身边发生的事情进行录像，让幼儿在观看时更易引起共鸣，再鼓励幼儿在小组中交流自己高兴大笑的事情，使幼儿发现原来生活中有那么多开心快乐的时刻，可以与大家一起分享，让大家也变得快乐起来）

5. 照一照，笑一笑。

教师边念儿歌边帮幼儿拍照，如：小朋友，笑一笑。你看某某也在笑。你笑，我笑，大家笑。点到哪个小朋友的名字，该小朋友就笑一笑，教师帮他拍张照片，最后给全班小朋友拍张集体照。（以拍照游戏让幼儿进一步体验笑一笑带来的快乐，愿意当个快乐宝宝。在全体幼儿快乐的一声"茄子"中自然结束活动）

6. 活动延伸。

幼儿健康行为的形成是一个长期的动态过程，单靠一个活动是难以实现的，要在日常生活中加以培养。因此教师还设置了延伸环节：让幼儿在美工区制作笑脸卡，送给自己的好朋友；在日常生活中帮助幼儿化解消极情绪，鼓励幼儿做一个爱笑的宝宝，并分发笑脸贴纸；同时注意营造师生融洽、同伴友爱的氛围，让幼儿在良好的环境中健康成长。

（柯芳芳）

《我和爸爸一起玩》 说课稿

一、说教材

幼儿期是身体迅速发育的时期，在该阶段对幼儿进行合理科学的体育锻炼，既能增强幼儿的体质，又能培养幼儿活泼开朗等良好品质。小班幼儿一日大部分时间都是在幼儿园里，与父母相处的时间就比较少，特别是跟爸爸玩耍的时间更少，这不利于培养幼儿坚强勇敢等良好品质。《纲要》中明确指出："教育活动内容的选择既要适合幼儿的现有水平，又要有一定的挑战性；既符合幼儿的现实需要，又有利于其长远发展。"根据《纲要》精神和小班幼儿年龄特点、阶段目标及本班实际和幼儿的情感需要、发展需要，我设计了这个亲子活动，让幼儿与父亲共同参与体育活动，旨在促进亲子关系，锻炼幼儿体质，培养其坚强勇敢的品质。

二、说目标

《纲要》中指出，要让幼儿"喜欢参与体育活动，动作协调、灵活"，"在体育活动中培养幼儿坚强、勇敢、不怕困难的意志品质和主动、乐观、合作的态度"。根据《纲要》的精神、活动内容的特点、小班幼儿年龄特点及身体锻炼的教育目标，我预定了以下两个活动目标。

1. 初步掌握双脚并拢连续向前跳。

2. 喜欢参与体育活动，体验与爸爸共同游戏的乐趣。

活动的重点定位于：喜欢参与体育活动，体验与爸爸共同游戏的乐趣。活动的难点是"双脚并拢连续向前跳"的动作要领——双脚并拢，稍微下蹲，手臂后摆，用力蹬跳起来，落下时要轻轻地，前脚掌先落地，屈膝缓冲，再次重复往前跳，动作连贯，每次落下都要屈膝缓冲。

三、说准备

为了使活动呈现出趣味性、综合性和活动性，寓教育于实际练习和游戏中，需做以下准备：

经验准备：已经认识袋鼠，知道袋鼠蹦跳的行动方式。

材料准备：平衡木、彩带荷叶、果树道具、水果卡片若干、袋鼠头饰若干、《大头儿子小头爸爸》音乐、家长与幼儿穿便于活动的衣服等。

场地准备：

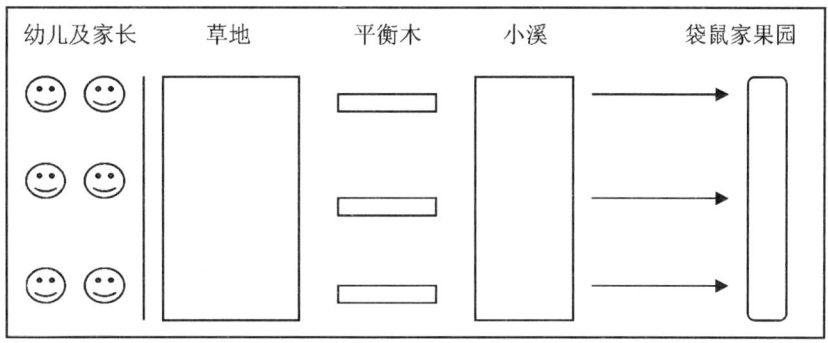

四、说教法

在这个体育活动中，为了激发幼儿参与的积极性，增加活动的趣味性，我邀请家长与幼儿一起参与活动，让幼儿在游戏中练习动作，锻炼体质。为了达到目标，我主要采用以下几种教学法：

1. 讲解演示法。

"教师应成为学习的支持者、合作者、引导者。"在本活动中，采用了清晰的语言讲解和动作示范来让幼儿感知认识"双脚并拢连续向前跳"的动作要领，使活动难点更易突破。示范时我注意站的位置，让幼儿围成圈，家长站在圈外，我在各方向分别做示范，保证每个幼儿与家长都能看清楚全过程。

2. 练习法。

练习法是幼儿体育活动教学中的基本组织方法。合理地运用练习法能让幼儿尽快地掌握动作技能，锻炼身体，使生理和心理负荷达到最佳的水平，有效促进幼儿身心和谐发展。在活动中我让幼儿与家长到空地上自由练习动作，注意观察幼儿的动作，及时进行指导。

3. 游戏法。

《纲要》中指出：幼儿园要以游戏为基本活动。体育活动以幼儿喜爱的游戏形式来进行，既可以激发幼儿参加体育活动的兴趣，又可以达到体育锻炼的效果。活动中将枯燥乏味的重复动作练习游戏化，以"去袋鼠家做客"为活动主题，让幼儿在轻松愉悦的氛围中进行锻炼，寓教于乐。

五、说学法

在本次活动中幼儿采用的学法有：

1. 尝试法。

桑代克认为："在教师的指导下，通过重复性的练习，可正确掌握某些知识、技能或动作。"本活动以幼儿为主体，创设条件，让每位幼儿与家长按照动作要领自主练习动作，初步掌握双脚并拢向前跳的动作。

2. 体验法。

心理学指出："凡是人们积极参加体验过的活动，人的记忆效果就会明显提高。"为了让幼儿对动作有较深的认识，并体验幸福的亲子关系，我邀请家长陪同幼儿练习动作、共同游戏。

六、说活动过程

本活动采用层层递进的形式来组织开展，幼儿始终处于积极参与的状态，体验到亲子游戏的快乐。活动流程为：激发兴趣，热身准备——练习基本动作，教师指导——游戏——放松结束。

1．激发兴趣，做热身准备。

活动一开始我以神秘的提问"今天袋鼠要邀请我们去他家玩一个新游戏，还邀请了一些神秘的大朋友，猜猜会是谁来和我们一起玩"导入活动，激发幼儿参与活动的兴趣，以及对新课内容的好奇心。幼儿爸爸们戴着面具蹦跳进入，让幼儿找到自己的爸爸。然后在《大头儿子小头爸爸》的活泼欢快的音乐伴随下，让幼儿和家长一起做简单的热身活动（伸伸臂、点点头、弯弯腰、踢踢腿、蹦蹦跳、踏踏步），调动身体各个感官。

2．练习基本动作，教师指导。

在本环节中，我以"袋鼠邀请我们去他家做客，要学会一个新本领"的口吻引导幼儿关注新动作的学习，对重点技能进行语言讲解和动作示范，让幼儿在练习过程中能少走弯路。鼓励幼儿和家长积极大胆参与和尝试，让幼儿与家长进行自由练习。练习时，教师进行观察指导，并及时表扬鼓励和帮助不愿参加练习的幼儿。这种学习方式既能突破难点，又能激发幼儿学习的积极性和主动性。

3．开始游戏。

以游戏口吻导入游戏："小袋鼠和袋鼠爸爸们，果园果子都熟透了，真想吃啊，我们一起去摘，好不好？"

接着引导幼儿和家长观察游戏场地布置并介绍游戏玩法及规则："我们要跑过草地，小心走过独木桥，来到小溪时，请爸爸背起宝宝到达小溪对面，由幼儿双脚并拢向前跳到果园摘回果子，送给爸爸吃，再一起原路返回。注意一个接一个。"

然后让幼儿和家长进行游戏，要求听口令开始游戏。第一次游戏先熟悉场地，不着急。提醒幼儿注意场地安排并遵守游戏规则。第二次游戏时，强调幼儿注意规则、安全和路线安排，并重点指导幼儿蹦跳，注意每次都要屈膝缓冲，连贯地跳。到第三次游戏时，以比赛的方式进行，看看哪组的袋鼠们最快把果园的果子都运回来。

通过三次游戏，幼儿都能达到运动负荷高峰，基本掌握"双脚并拢向前跳"的动作，整个过程幼儿和家长都十分积极活跃，充满快乐的情绪，从而达到活动的目标。

4. 结束部分。

游戏结束后，运动高峰逐渐下降，我让幼儿和家长随音乐在愉悦的氛围中进行放松，活动自然结束。

（黄秋菊）

《躲开危险》说课稿

一、教材分析

《幼儿园教育指导纲要（试行）》指出：幼儿需知道必要的安全保健知识，学习保护自己。小班幼儿年龄较小，对于身边的事物充满好奇心，喜欢探索，然而生活中又存在一些安全隐患，因此要引导小班幼儿知道必要的安全保护知识，但对他们进行说教是行不通的。《躲开危险》活动中，我将运用图片，以游戏、讨论等方式让幼儿在体验的过程中，知道环境中不安全的因素，认识简单的标志，减少幼儿在探索和游戏中的安全隐患。

活动目标：

由于幼儿活泼好动，缺乏安全知识，根据纲要和教学内容，所以制定以下活动目标：

1. 知识目标：懂得避开危险的粗浅知识和方法。
2. 能力目标：能说出生活中不安全的因素。
3. 情感目标：有初步的自我保护意识。

重点难点：

小班幼儿的语言表达能力发展较慢，生活经验较缺乏，因此本次活动将"说出安全中的不安全因素"定为活动的重点，"懂得避开危险的初浅知识和方法"定为活动的难点。活动中，运用出示、观察图片，引导讨论交流、鼓励幼儿说出想说的话，玩游戏的方法等进行重难点的突破。

活动准备：

为了让幼儿能在活动中大胆、清楚地说出生活中不安全的因素，活动前需请家长带幼儿观察生活中的不安全因素，丰富幼儿的安全知识。同时，准备好活动图片，安排好游戏，让幼儿通过直观的、趣味的活动，充分地进行语言的交流、讨论。

经验准备：请家长带幼儿参观有关安全的展览，丰富幼儿有关安全的知识。

物质准备：教育挂图《十只小猫咪》、安全标志、教育视频《保护自己》、学习包"怎样玩才安全"。

二、说教法

结合本活动的内容特点和幼儿的年龄特征，将采用直观法、讨论法、游戏法等教学方法，以活动为主线，通过游戏、提问、观察、讨论等方式，引导幼儿主动参与教学活动，在玩中学，在乐中学。

1. 讨论法。

讨论能开拓幼儿的思维，是激发幼儿言语的重要方法，而言语是幼儿学习阅读和检验阅读能力的基本手段。运用讨论能满足幼儿的好奇心，促使幼儿积极发言，最终有效地完成教学目标。

2. 直观法。

直观法具体形象，符合小班幼儿思维特点，活动以形象、生动的画面为主，直观的画面能引起幼儿的兴趣及注意，容易接受画面的内容。

3. 提问法。

问题在幼儿的探究活动中至关重要，不仅能引发幼儿的探究行为，而且能引领幼儿探究的方向和保持幼儿探究的兴趣。本活动中，问题始终伴随着幼儿的探究过程。"小猫咪都做了哪些危险的事？小朋友的玩法是安全的吗?"这一系列问题引领着幼儿不断地观察、思考，不断引领幼儿探究问题、获取答案、解决问题。

三、说学法

根据《纲要》的精神，健康教育要"密切结合幼儿的生活进行安全、营养和保健教育，提高幼儿的自我保护意识和能力"。小班幼儿处于学前早期，学习能力较弱、游戏水平也较低。所以，要在一系列富有趣味、简单的游戏中促进幼儿对保护自己有更透彻的理解。通过游戏带动生生互动、师生互动，既体现"以幼儿发展为本"的理念，也促成合作探究式师生互动的形成。

1. 交流讨论法。

"知识是在孩子们的探究之后，在孩子们的讨论中形成的。"因此，在幼儿操作之后，我都留有一段时间，让幼儿交流讨论自己的感受、体验和发现。让幼儿在观点的相互作用和碰撞中促进语言和思维的相互作用，丰富和构建新的经验。

2. 游戏法。

游戏是幼儿最喜爱、最基本的活动，它具有教育性、娱乐性、创造性等特点。本次活动采用找标志游戏让幼儿玩中学、学中玩。

四、说活动过程

本次活动设计以幼儿最大程度参与为基本原则，采用观察、讨论、游戏等学习方法，提供自主学习的空间，让幼儿在一个轻松、有趣的氛围中学习。因此，我设计了环环相扣、层层递进的以下几个环节。

1. 看一看。

活动一开始，教师出示《十只小猫咪》的挂图，引导幼儿观察。

（设计意图：小猫是幼儿生活中常接触的动物，教师以此引入活动充分地调动了幼儿参与活动的积极性）

2. 说一说。

请幼儿根据挂图内容说一说：小猫咪都做了哪些危险的事？结果怎么样？小朋友一个人在家的时候应该怎样做才不会有危险？

（设计意图：幼儿通过语言讲述，表达出的是他们思考的结果。幼儿说出

小猫咪做了危险的事，自己也就意识到这件事存在着危险，要躲开这件事）

3. 找一找。

教师播放视频，引导幼儿寻找视频中有哪些不安全的因素，并说说应该怎样保护自己。

引导语：请小朋友看一看视频中的哪里不安全？我们要怎么保护自己？

（设计意图：活动中让幼儿找出不安全因素，并说出如何保护自己，这是让幼儿在活动中进行自我教育）

4. 想一想

出示学习包"怎样玩才安全"，引导幼儿看学习包中的图片，想想：哪些小朋友的玩法是安全的？

引导语：我们一起来看看，这些小朋友在做什么？谁的玩法是安全的？谁的玩法不安全？要怎么玩才是安全的？

（设计意图：对于小班的孩子，让其经过思考之后做出的判断，胜于教师的片面说教，也有助于培养他们思考的能力）

5. 玩一玩。

教师组织幼儿到走廊认识简单的安全标志（本园在走廊处设置多种安全标志），引导幼儿观察安全标志，看一看，说一说：当你看到这些标志的时候，应该怎么做？

带幼儿到户外活动场地，结合大型运动器械，了解正确玩法。如：大型滑梯，在玩时应该坐着，顺着滑梯从高处滑下，不能趴着、倒着滑下，以免脑袋受伤等。

（设计意图：本环节让幼儿玩红灯绿灯的游戏，让幼儿在玩的过程中，了解基本的安全交通知识，在未来的生活中，知道安全标志的含义，在过马路时红灯停，绿灯行）

五、说活动延伸

《幼儿园工作规程》中指出，幼儿园的品德教育应以情感教育和培养良好行为习惯为主，注重潜移默化的影响，并贯穿于幼儿生活以及各项活动之中。

本次活动结束后，教师可在家园联系环节，请家长陪同幼儿一起制作安全标志，贴在班级区角中，让幼儿在进行区域活动时，与同伴一起分享自己的作品，感受到时时有安全，处处要安全。

（梁苗苗）

第二节　语言领域

《小乌龟上幼儿园》说课稿

一、教材分析

故事是幼儿最喜爱的一种文学形式，通过典型的动物形象、曲折的情节、生动优美的语言，吸引着幼儿，使他们从中受到感染和教育。《小乌龟上幼儿园》这个故事选用了小朋友生活中比较熟悉并喜欢的小乌龟、小青蛙、小鸭子、小鸡为角色，主要讲述一只小乌龟第一天上幼儿园的心情及经历，最终小乌龟能快乐地和同伴玩，融入到集体当中的故事。现今的幼儿，独生子女居多，在家里都是爷爷、奶奶等陪伴，较少离开家长，因此，刚踏入陌生的环境中，难免会哭闹得厉害。《小乌龟上幼儿园》这个故事既符合小班幼儿的年龄特点，又符合孩子的现实需要。为了使幼儿更快地适应新环境，我选择了这个故事来安抚幼儿情绪，并将它与语言和社会两大领域相结合。

（一）活动目标

《幼儿园教育指导纲要（试行）》提出："发展幼儿语言最主要是他们想说、敢说、喜欢说、有机会说并能得到积极的应答的环境"，要"鼓励幼儿大胆、清楚地表达自己的想法和感受"。根据这一目标和要求以及教材内容，结合小班幼儿的年龄特点和语言发展水平，即幼儿年龄小，注意力容易分散，以自我为中心，不太愿意去倾听等，我从认知、能力和情感三方面制定了本次活动目标。

1. 认知上：能认真倾听故事，并大致理解故事内容，以及学习词语"缩进"、"邀请"。

2. 能力上：学习适应集体生活。

3. 情感上：体验听故事的乐趣。

（二）重点、难点

结合教材特点和目标要求，本次活动的重点为能认真倾听故事，并大致理解故事内容，以及学习词语"缩进"、"邀请"。在幼儿理解故事的基础上，深化主题，渗透幼儿适应集体生活的能力的培养，这是本次活动的难点。

（三）活动准备

1. 物质准备：一只养在鱼缸里的小乌龟，教育挂图《小乌龟上幼儿园》。

2. 知识经验准备：幼儿观察小乌龟的经验。

二、说教法

根据小班幼儿思维的具体形象以及注意的不稳定性、兴趣带有浓厚的情景性和随意性等特点，我采用了谈话法、视听结合法、提问法，并加强活动中的师生互动、生生互动，以此来调动孩子学习的积极性和主动性。

1. 谈话法：通过与幼儿谈话，调动幼儿的已有经验，激发幼儿参与活动的兴趣。

2. 视听结合法：运用教育挂图上生动鲜活的画面和教师生动的讲述吸引幼儿，展现出生动形象的故事情节，使幼儿对故事更感兴趣。

3. 提问法：设置提问引导幼儿思考问题、回答问题，通过师生互动、生生互动等形式，在一问一答中让幼儿理解故事，以便能较好地完成本次活动的目标。

三、说学法

《幼儿园教育指导纲要（试行）》中指出，要引导幼儿接触优秀的儿童文学作品，使之感受语言的丰富和优美，并通过多种活动帮助幼儿加深对作品的体验和理解。活动中为幼儿创设宽松愉悦的学习氛围，让幼儿学习倾听故事，理解故事内容，我运用了以下方法。

1. 欣赏法：借助教育挂图及教师生动的故事讲述，把幼儿带入故事的情境中，去感受故事中的语言美、画面美。

2. 讨论法：幼儿在讨论、谈话中能无拘无束地说出自己的理解与看法，为幼儿提供自由表达的平台。

四、说活动过程

根据小班幼儿的年龄特点以及语言发展水平，结合本次活动的活动目标，此次活动我设计了以下几个环节。

（一）出示小乌龟，激发幼儿参与活动的兴趣

兴趣是幼儿主动参与活动的关键，一开始教师出示小乌龟组织幼儿谈话，通过提问"小朋友，你们见过小乌龟吗？喜欢小乌龟吗？小乌龟长什么样？小朋友上幼儿园，小乌龟也要上幼儿园。我们来看看小乌龟是怎么上幼儿园的"，然后自然地引出故事。

（设计意图：一是引起幼儿的学习兴趣，营造和谐、愉快的活动氛围。二是充分调动幼儿活动的积极性，增加幼儿对将要发生的事情的好奇，同时引出故事的主要角色）

（二）教师利用教育挂图以幽默的神情讲完故事

1. 提问。

（1）故事的名字是什么？

（2）小乌龟第一天上幼儿园遇到了谁？他是怎样做的？

（3）如果你是小乌龟，你会怎么办？

2. 运用动作和情境演示法帮助幼儿理解"缩进"与"邀请"的词意。

（设计意图：此环节通过视听结合法让幼儿完整欣赏故事，结合提问法，引导幼儿根据故事内容或是自己的已有经验进行回答，也可让幼儿知道小乌龟第一天上幼儿园很害怕，后来在幼儿园里和伙伴们一起玩得很开心。再者，运用动作和情景演示法来帮助幼儿学习"缩进"、"邀请"，使幼儿能更清楚地

理解词意。它是解决重点，突破难点的一个关键环节）

（三）教师再次完整讲述故事，并迁移幼儿生活

1. 教师再次完整讲述故事。

2. 迁移生活：如果班上也有小朋友像小乌龟一样害怕，你应该怎样帮助他？

（设计意图：这个环节其实重在揭示思想内涵，进行情感教育，我将它贯穿到整个故事的情节中，让幼儿通过回忆的方式完整讲述故事，同时我还运用了提问法，引导幼儿迁移生活：如果班上也有小朋友像小乌龟一样害怕，你应该怎样帮助他？通过谈话让幼儿懂得如果有小朋友害怕上幼儿园要懂得去安慰他、帮助他，让他更快地适应集体生活。通过提升幼儿的生活经验，来突破活动的难点目标）

（王婉玲）

《我爱吃的水果》说课稿

一、教材分析

语言活动《我爱吃的水果》内容简明，贴近幼儿生活，围绕水果这个主题展开谈话活动，能充分调动幼儿听说兴趣，是培养幼儿听说能力的好教材。水果是幼儿比较熟悉且喜爱的食物，它们种类繁多、颜色各异、形状不一，每个幼儿都能说出几种。同时，小班是幼儿学习语言的关键期。这一时期的幼儿，已经能用简单的语言与成人或同伴交流，还可以简单叙述生活中常见的事，但带有很大的情景性。因此，我认为，小班幼儿听说能力的培养主要应包括：学会安静地听同伴说话，不随便插嘴；喜欢与同伴交谈，愿意在集体中讲话；能听懂并愿意说普通话；在教师的引导下，学习围绕主题谈话，能用短句表达自己的想法；初步学习常见的交往语言和礼貌用语。

综上，结合本班幼儿的年龄特点和语言发展水平，我确定本次活动目标。

活动目标：

1. 认知目标：认识各种水果，了解其颜色、味道、形状等特征。

2. 能力目标：能够围绕水果这个话题用比较完整的语言与同伴交流，能够安静倾听别人讲话。

3. 情感目标：愿意大胆地表达自己的想法，乐意与同伴交流，体验分享的乐趣。

重点难点：

我把幼儿在谈话情境中了解并认识各种水果，体验与同伴交流的乐趣作为本次谈话活动的重点，把用比较完整的句子说出水果的特征，懂得多吃水果身体好作为活动的难点。

活动准备：

1. 生活经验准备：请家长利用假日带幼儿参观水果市场、商店，让幼儿观察水果的品种、大小、形状及颜色。

2. 物质准备：幼儿自带一份喜欢的水果并洗净，盘子、水果拼盘若干，小猴布偶一只。

3. 环境创设：布置"小猴生日派对"场景，语言区投放有关水果的图书、图片、挂图等。

二、说教法

本着活动中教师要"眼中有幼儿，心中有教育"，遵循互动的、开放的、研究的教学理念，让幼儿真正成为学习的主体，本次活动采用的教法有——

1. 情境教学法：整个活动以小猴邀请小朋友参加他的生日派对，小朋友相互介绍自己带来的水果为主线，让幼儿在熟悉的生活情景中，在宽松、愉悦的气氛中，学习对话语言。

2. 直观演示法：水果实物直观形象，让幼儿在摸摸、看看、尝尝过程中，全方位地认识水果。

3. 游戏法：通过"摸水果"游戏，巩固幼儿对水果的外形特征的认识。

三、说学法

整个活动以幼儿为主体，变过去的"要我学"为"我要学"，幼儿在听听、看看、摸摸、说说、尝尝、玩玩的气氛中掌握活动的重难点。主要采用以下几种学法——

1. 多渠道参与法：活动中，我引导幼儿通过看一看、摸一摸、闻一闻、比一比、分一分、尝一尝、学一学、说一说等多种感官的参与，潜移默化地让儿童对水果产生浓厚的兴趣。

2. 讨论谈话法：幼儿通过讨论、谈话，无拘无束地说出自己的理解与看法，增长见识，加强与伙伴、教师的交流。

3. 体验法：我采用了游戏体验法，让儿童参加小猴的水果宴会，并通过回答问题，分水果、摸水果、尝水果等系列活动，让儿童沉浸在快乐的谈话情境中，体验分享交流的快乐。

四、说活动过程

本次活动，我通过创设参加小猴生日派对的情境，让幼儿在活泼、轻松的气氛中谈论自己爱吃的水果，体验谈话交流的乐趣，发展幼儿的语言表达能力。主要预设了以下活动环节——

1. 以小猴过生日为题，激发兴趣。

播放音乐《生日歌》，以小猴邀请小朋友参加生日派对引入，鼓励幼儿介绍自带的水果，激发幼儿谈话的兴趣。

"小朋友们好，今天是小猴的生日，他邀请小朋友去参加他的水果宴会。你们都带了自己喜欢的水果，老师很想知道：小朋友带来的是哪种水果？它是什么样的？"

请小朋友和身边的小朋友说一说自己带的是什么，它是什么样的。

2. 直观演示，认识各种水果的名称。

教师直观展示各种水果，谈话围绕水果的特征进行。

请幼儿将自带的水果分别放入不同的框里，围坐成半圆形。

（1）依次出示框内水果，引导幼儿说出水果名称及基本特征，如颜色、形状、味道等。

这是什么？它是什么颜色的？什么形状的？什么味道的？

3. 参加生日派对，体验"摸水果"游戏。

取不同的水果放在盘子里，盖上红布，请小朋友伸手进去摸一摸、猜一猜，然后告诉老师和同伴自己摸到了什么，它是什么样的，猜对了就把水果奖励给他。

4. 品尝水果，体验过生日的快乐。

小猴："小朋友们，谢谢你们陪我过生日，我制作了水果拼盘，请你们一块品尝，小朋友们要记得，水果营养丰富，多吃水果身体棒！"通过品尝水果，教育幼儿要多吃水果。

（蔡炜玮）

第三节　社会领域

《过新年了》说课稿

一、教材分析

一年一度的春节是中国人的传统节日，也是最隆重的一个节日。春节期间，家家户户团团圆圆，贴春联，放鞭炮，走亲戚，访朋友，人人穿新衣，个个笑开颜，到处洋溢着过节的喜悦。这种浓烈的节日氛围，对幼儿有着很深的影响，这正是对幼儿进行传统节日教育的最佳资源。根据小班幼儿的年龄特点，本次活动通过设置情境、演示课件等方法让幼儿了解民俗，感受节日的快乐。

活动目标：

根据小班幼儿的年龄特点及实际情况，我从情感、认知、技能三个维度来制定本次活动的目标，具体如下——

1. 情感目标：乐意参加新年庆祝活动，感受节日的快乐。

2. 知识技能目标：初步了解春节时的民俗特征，会用一些简单的词语表达自己的想法。

重点、难点：

本次活动是一个综合活动，其中渗透了语言领域、社会领域与艺术领域的内容，但活动的重点仍以社会领域为主，主要引导幼儿在集体面前大方自主地表现。

本次活动将"引导幼儿初步了解春节时的民俗特征，会用一些简单的词语表达自己的想法"确定为重难点。突破重点的方法：通过设置情境，演示课件，启发提问等方法帮助幼儿回忆春节时的情景。突破难点的方法：一是口头鼓励，二是发奖品来刺激幼儿，从而让他们大胆表现。

活动准备：

为使活动呈现出趣味性、综合性和活动性，寓教育于实际操作和游戏中，我作了以下准备——

物质准备：布置"小熊的家"，悬挂各种鞭炮、春联等，请家长与幼儿准备一些布置迎接新年的材料并带到班级，如窗花、一串串的千纸鹤和星星、"福"字、中国结、小灯笼、对联等，课件《新年的民俗》、音乐磁带《新年好》。

二、说教法

1. 情境创设法。

这个活动我始终以"过年了，'到小熊家做客'"这一主线贯穿始终。给幼儿创设一个轻松、愉快的学习环境，让幼儿始终沉浸在游戏环境之中自由地学习，既能更好地达到活动目的，又使整个活动情节完整、过渡自然。

2. 直观法。

通过演示课件，激发幼儿的学习兴趣。影音课件具有生动形象、富于表现力和感染力的特点，其特有的声像并茂、动静结合的优点，使教学成为有趣的活动，容易引起幼儿的兴趣，集中幼儿的注意力，使幼儿便于理解，易于记忆，从而使幼儿情绪高涨，兴趣盎然。

3. 谈话法。

由师生相互提出问题和回答问题所组成。恰当的问题有助于活跃幼儿的思维，启发幼儿的学习，有利于幼儿获得新知识和发展智力，培养幼儿的语言能力和语言习惯。

此外，在各个不同的教学环节中，还穿插了赏识激励法、交流讨论法、表演法等教学方法，让幼儿在轻松愉快的环境中学习，寓教于乐。

三、说学法

1. 多种感官参与法。

活动中我引导幼儿通过尝一尝、说一说、看一看、做一做等多种感官的参与，不知不觉地对年俗有了较多的了解。

2. 体验法。

这次庆祝新年的活动，幼儿通过各种体验，获得多样性的知识，一定会给幼儿留下深刻的印象，其中的快乐也将让他们永远地回忆。这也充分体现了"以幼儿发展为本"的理念。

四、说活动过程

本次活动，我主要从"认识新年——迎接新年——庆祝新年"三个环节入手，以"过新年"为核心，通过创设情境、展示课件、分享合作、表演歌曲等活动来加深幼儿对新年的认识与了解。活动过程分为 4 个环节——

1. 创设情境，激发兴趣

活动一开始，将幼儿带进一个浓浓的节日环境之中，让幼儿感觉到过节的快乐，以小熊的口吻邀请小朋友来做客，在这个环节里，我让幼儿观察小熊家的春节景象，安排小熊与小朋友互道新年快乐。接着，小熊拿出各种过年时的代表性的食物请小朋友品尝，让幼儿在这种特殊的氛围中回忆过年时到别人家做客的情景。

提问：小熊请我们到他家做客，新年到了，你要对小熊说什么？新年到了，小熊家发生了哪些变化？

2. 演示课件，了解民俗。

帮助幼儿了解春节的民俗风情是本次活动的重点。为此，我采用了先让幼儿观看课件，再通过谈话帮助幼儿整理已有经验，形成初步概念，接着以小熊的口吻邀请幼儿观看过年的课件，在幼儿有了这些直接经验的基础上再提问：过年时人们穿什么？吃什么？说什么？看什么？家里有什么变化？街上有什么变化？通过讨论引导幼儿建构过年的概念。

3. 师幼合作，布置班级。

在开设此活动前，我已请家长与幼儿准备一些迎新年布置的材料，如窗花、"福"字、小灯笼、对联等，在这里还是以小熊的口吻，请幼儿自己动手和老师一起把教室也打扮打扮。

提问：小熊待会要到我们班级来做客，我们一起把班级打扮漂亮再邀请他来，你们说好吗？

4. 表演节目，庆祝春节。

在已营造的节日氛围中，小熊和小朋友们一起把已学过的歌曲《新年好》表演出来则成为水到渠成的一个环节。活动最后为幼儿准备每人一张蛇年的贴贴纸作为奖品，告诉他们今年是蛇年，将活动推向高潮。

（庄晓玲）

《玩具轮流玩》说课稿

一、教材分析

幼儿之间争抢玩具是生活中的常见现象，个别幼儿会独霸玩具，大多数幼儿则会选择求助于教师。通过集中教育活动《玩具轮流玩》，既可以让幼儿懂得分享玩具，又间接地向幼儿提供解决问题的办法，进而激发幼儿的社会性情感。

活动目标：

结合小班幼儿的年龄特点和现有发展水平的需要，我从知识与技能、过程与方法、情感态度价值观进行综合考虑，制订了如下教学目标——

1. 知识目标：不独占玩具，学会轮流分享。

2. 能力目标：有初步地独立解决问题的能力。

3. 情感：体验与同伴一起游戏的快乐。

重点、难点：

幼儿在日常生活中遇到问题常常求助教师，或者独自走开，很少会独立思考和解决问题。本次活动的重点在于引导幼儿不独占玩具，学会轮流玩。在幼儿实践活动的过程中，幼儿、玩具、场地空间等因素都是不稳定的，轮流玩并不是解决所有问题的唯一方式，所以本次活动的难点是培养幼儿初步的独立解决问题的能力。

活动准备：

为了使活动顺利进行，提高幼儿学习的积极性，在活动开展之前我做了以下准备：首先，我将在活动前排练个别幼儿独占玩具而导致别的幼儿没法玩的情景表演。其次，我准备了瓶盖棋、纸盒绘制棋盘、皮球、塑料圈、细绳及小椅子若干。由于幼儿园各个领域的活动是相互渗透的，因此，我还准备了一则故事《轮流玩》。

二、说教法

活动中我采用情境表演法、直观法、讨论法、游戏法等教学方法，以活动为主线，通过观察、小组讨论、游戏等方式，引导幼儿主动参与教学活动，在玩中学，在乐中学。

采用情境表演法和直观法相结合，以表演的形式直接发挥幼儿的感官作用，不但可以吸引幼儿的注意力，提高教学活动的有效性，还可以在表演过程中引入教学的重点，使教学活动的各个环节水到渠成。采用提问法，是因为在活动中适当的提问有助于活跃幼儿的思维，发挥幼儿的主体作用，启发幼儿主动学习，同时还可以成为教学过程中的闪光点，起到抛砖引玉的作用。在最后一个环节中采用幼儿最喜爱的游戏法，让幼儿在游戏中使用所学到的轮流玩，在游戏中养成不独占玩具等良好的社会习惯。

三、说学法

我们主要关注幼儿在与同伴的实际交往中遇到的问题，给他们提供独立解决问题的机会，并适时地加以指导。整个教学活动以幼儿为主体，变过去的"要我学"为现在的"我要学"，让幼儿在轻松的氛围中掌握活动的重点和难点，并体验游戏的快乐。

幼儿在活动中通过观看情境表演直接获得印象，充分发挥观察法的作用。讨论谈话法则是幼儿在讨论、谈话中自由地说出自己的理解和看法，充分体验语言交流的乐趣，发展幼儿的口语表达能力。而游戏法则让幼儿在游戏过程中真正成为学习的主人，发挥其主体作用，强化、内化所学的知识。

四、说活动过程

现代教育理论告诉我们，从本质上说，教学过程是幼儿认识世界的过程，幼儿的学习一般都要经历发现问题、分析问题、提出假设和验证假设的过程。基于以上认识，本次活动我主要分为以下四个环节。

1. 表演激趣，情境导入。

这一环节我通过观看情境表演来激发幼儿的兴趣，同时向幼儿提问："红红是怎么做?""她这样做，对吗?"让幼儿在观看的过程中注意观察，同时学会用语言来描述自己所看到的现象。这一环节，我主要采用问答法和直观法。之所以采用这些方法，是因为幼儿思维还处于直观具体阶段，直观教学能给幼儿具体形象，问答法则有利于引导幼儿思考，提高幼儿的积极性。

2. 思考问题，讨论策略。

这一环节主要通过"为什么""如果是你遇到这样的问题，你会怎么做"等问题，帮助幼儿认识录像中红红存在的问题，让幼儿与同伴共同讨论解决问题的方法。这一环节主要采用问答法、讨论法，让幼儿大胆地发表自己的看法，同时为下一个环节做准备。

3. 欣赏故事，学习策略。

这一环节是本次活动的重点，也就是帮助幼儿学习轮流玩。在这一环节中，我采用幼儿最喜欢的故事形式向幼儿介绍玩具要大家轮流玩的观点。故事中的"山羊老师"、"小猫"、"小狗"、"小兔"等动物形象，符合幼儿的直观形象的思维特点，能够充分调动幼儿欣赏故事的兴趣。同时"小狗"提出的"轮流玩"玩法为活动的重点抛出橄榄枝，让整个活动顺理成章地开展下来。在故事结束时，教师提出"遇到玩具不够时，要怎么做"等问题，鼓励幼儿独立思考，启发幼儿：问题的解决方法是多种多样的，例如"石头剪刀布，赢的人先玩"或者分组玩。

4. 在玩中学，在玩中思。

游戏是对幼儿进行全面发展教育的重要形式。这一环节我主要采用游戏法，一方面是对上一个环节提出的轮流玩办法加以巩固练习，让幼儿在游戏中懂得使用轮流玩的方法来解决问题。另一方面也是本活动中的难点体现，因为在游戏中，每一个因素都是变化的，幼儿在游戏中也可能遇到各种各样的问题，这就要鼓励幼儿自己动脑筋思考怎样去解决问题。

（五）活动延伸

社会学习是一个漫长的积累过程。在日常生活中，我们要随时提醒幼儿学习与同伴分享玩具，而不能独占玩具。当遇到问题时，可以采用轮流玩或者其他方法来解决问题。

（郑雪茹）

第四节　科学领域

《小猫钓鱼》说课稿

一、说教材

理解"1"和"许多"，能按物体的一个特征进行分类是小班下学期数学关于集合和量的教学的重要内容之一。数学抽象性、系统性强的特点及小班幼儿思维的具体形象性，决定了小班幼儿数学学习要具备情境性、游戏性和简单的情节性。小班数学活动《小猫钓鱼》因其情境性、游戏性、操作性的特点，深受幼儿喜爱，所提供的材料隐含有数学内容，具有数学教育功能，能引发幼儿积极思维，并通过操作吸收知识，从而获得相关的数学经验。

活动目标：

根据小班幼儿的年龄特点和活动内容，制定以下两个活动目标——

1. 知识目标：能根据物体的颜色进行分类，进一步感知"1"和"许多"的关系。

2. 情感及态度目标：喜欢参与集体数学游戏，愿意与大家分享钓鱼过程中的发现。

重点、难点：

结合《纲要》要求和幼儿的学习水平，我们把活动的重点定位为进一步感知"1"和"许多"的关系，并能根据物体的颜色标志进行分类，让幼儿通过在情境中晒鱼、收鱼等动手操作活动，自然进行看颜色标志分类。因为小班幼儿还不能够主动、大方地与他人交流，因此，我把难点定位为愿意与大家分享自己在钓鱼过程中的发现，要通过教师示范，引导幼儿在宽松的钓鱼游戏过程中自然地与教师、同伴交流自己的发现及乐趣，使数学经验的获得成为自然而然的过程，数学学习成为幼儿喜爱的活动。

活动准备：

为了让幼儿更积极、主动地投入到数学活动中，主要在以下几个方面做了充分的准备工作——

1. 游戏式的情境创设：教师用稍加装饰的栏杆围成了一个水池塘，里面投放了大小、颜色各不相同的鱼，池塘边的一角是三个不同颜色的晒鱼台，目的是让幼儿根据标记（晒鱼台上分别贴有不同颜色的标记），把钓起来的鱼进行分类晾晒。

2. 经验准备：幼儿已初步理解了"1"和"许多"的关系。

3. 物质准备：人手一份钓鱼竿、小桶，欢快的背景轻音乐。

二、说教法

根据小班幼儿的年龄水平、思维特点和数学教学的特点，本活动我将以游戏贯穿始终，再加上具体的适合幼儿亲身体验操作的情境创设，主要采用直观演示法、情境操作法、启发提问法，充分调动幼儿参与集体活动的积极性和主动性，达到学习的有效性、科学性、愉悦性的和谐统一。

1. 情境创设法：小班幼儿的学习具有情境性的特点。通过创设池塘的情境，让幼儿通过参观情境的景物，在情境中游戏，利用情境进行学习，使学习更富有吸引力，激发幼儿学习的积极性。

2. 示范讲解法：通过教师在活动中结合儿歌示范讲解收拾钓鱼竿、钓鱼、晒鱼、收鱼等的方法，让幼儿在交流中获得直观的印象和方法。

3. 观察指导法：幼儿之间存在个别差异，因此，该方法便于教师在活动过程中及时针对幼儿活动的情况随机进行个别指导，适当调控活动的进程和节奏，使游戏有序地推进。

三、说学法

根据小班幼儿在玩中感受、体验的年龄特点，让幼儿扮演角色，在情境中操作，在交流中学习，主要的学法有游戏法、角色扮演法。

1. 游戏法：《纲要》指出，幼儿园要以游戏为基本的活动形式。本活动以游戏贯穿始终，能有效激发并维持幼儿的兴趣。

2. 角色扮演法：师幼分别扮演猫妈妈和小猫的角色，以小猫钓鱼的形式进行游戏，符合幼儿的想象特点，更能激发幼儿参与活动的兴趣和欲望。

四、说活动过程

（一）角色扮演导入活动，激发幼儿参与集体活动的兴趣

"我是猫妈妈，你们都是我的孩子。今天天气真好，妈妈要带小猫们到池塘边去钓鱼。"

（设计意图："猫妈妈与小猫"这种角色扮演的方式，一能拉近教师与幼

儿的距离；二能激发幼儿参与集体活动的兴趣；三是通过角色，感知只有一个猫妈妈，许多的小猫，自然地感知"1"和"许多"）

（二）介绍道具的使用，了解游戏的玩法

1. 出示并分发钓鱼竿和小桶："妈妈这里有许多小桶，现在我把它分到小猫们的手上。看看每只小猫的手上有几个小桶。"

（设计意图：在分发钓鱼竿和小桶的过程中，通过视觉与触觉的感受，每人手拿一份钓鱼工具的动作，幼儿再次感知"1"和"许多"之间的关系）

2. 参观池塘，了解玩法。

看一看，初步感知鱼的颜色。

提问：池塘里有什么呢？都有哪些颜色的鱼？数一数，有多少鱼呢？

教师讲解玩法。

（设计意图：小班幼儿的学习具有情境性的特点。在具体的情境中看一看、数一数，从中感知一个大池塘，里面有许多鱼，自然渗透"1"和"许多"。在情境中讲解玩法，易为幼儿所理解和接受）

（三）游戏——钓鱼

1. 教师结合儿歌，讲解示范使用钓鱼竿的方法："钓鱼竿，转转转，变长了，钓鱼啦，转转转，变短了，收好了。"

（设计意图：教师利用简短的儿歌并结合自身的动作示范，让幼儿学习使用、整理钓竿，为接下来的钓鱼做好动作技能上的准备，使幼儿能更好地体验钓鱼成功的乐趣）

2. 钓鱼：幼儿围在池塘边，自由地钓鱼，自由地交流钓鱼的情况，并把钓到的鱼放进小桶里。

（设计意图：在有趣的情境中，教师利用自身的动作示范和语言示范，激发幼儿积极投入钓鱼，引导幼儿在钓鱼的具体操作过程中，在自然而然的互动中交流自己钓到的各种颜色的鱼，自然地感受"1"和"许多"的关系）

（四）晒鱼、收鱼

引导幼儿根据晒鱼板、鱼篓的颜色对所钓上来的鱼进行分类，即按颜色分类。

1. 交流：小猫们都钓到了许多鱼，让我们把钓鱼竿转转转，变短后插在池塘边的吸管里，然后坐下来休息一下。看看自己钓到了什么颜色的鱼？你的朋友又钓到了什么颜色的鱼？数一数有几条？看，妈妈钓到了一条大大的、红色的鱼，还有许多条黄色的小鱼。你们呢？

（设计意图：钓完鱼的休息与交流，既满足幼儿身体成长的需要，又为幼儿创设了一个宽松、自由的交流氛围。同时，小班幼儿缺乏与人交流的经验，教师通过自身自然参与交流，以自身的语言和行动为幼儿做示范，教给幼儿交流的方法，带动幼儿与教师、与身边的同伴交流自己钓鱼的收获，分享钓鱼的快乐）

2. 晒鱼：引导幼儿把鱼晒到与鱼颜色相同的晒鱼板上，学习按颜色标志分类。

提问：有什么颜色的晒鱼板？请小猫们把自己钓上来的鱼挂到和它颜色一样的晒鱼板上。

3. 收鱼：引导幼儿把晒干的鱼收到和它颜色一样的筐里。

（设计意图：晒鱼和收鱼活动就是引导幼儿按颜色进行分类的过程。同时教师借机帮助幼儿梳理有关的数学经验：原来，许多个一条一条的鱼放到筐里，筐里就有许多条鱼。在这过程中，自然地完成了按物体的一维特征进行分类）

（郭宝凤）

《汤圆》说课稿

一、说活动内容

"1"和"许多"是小班学数前准备教育的内容。认识"1"和"许多"，主要是引导幼儿感知集合元素，即感知"许多"这个集合中的一个个元素，为他们正确学习逐一计数和认识 10 以内数奠定基础。

小班下学期的孩子，对数量关系认识表现为具体形象思维，对简单的数量关系有了初步的认识，不少孩子对 10 以内的数已能熟练进行唱数，还喜欢进行有意思的点数。如，会用手指表示自己几岁了，看见花园里的花就会高兴地数：一朵花、两朵花……同时我发现，幼儿在数不下去的时候，就会说："我不会数了，这是多少呀？"

那么，如何根据幼儿的实际情况来设计活动，让幼儿轻松愉快地学习、感知"1"和"许多"的关系呢？在南方地区，每年的冬至都有吃汤圆的习惯，而且好多家庭都自己动手搓汤圆。为此，我选择幼儿所熟悉的汤圆开展教育活动，将简单枯燥的数量关系与幼儿感兴趣的手工操作、烹饪活动等结合起来。让幼儿在搓汤圆——煮汤圆——吃汤圆这一真实、有趣的活动中学数学。

二、说活动目标

《纲要》指出，要让幼儿能从生活和游戏中感受事物的数量关系并体验到数学的重要和有趣。结合幼儿的年龄特点和实际水平，制定如下适合幼儿最近发展区发展的两个目标——

1. 在搓、烹、吃汤圆的过程中感知"1"和"许多"的关系。
2. 乐意参与活动，体验活动的乐趣。

三、说重难点

结合《纲要》精神和小班幼儿对集合、元素的感知较弱的现状，及幼儿具体形象思维的特点，活动重点定位为"乐意参与活动，体验活动的乐趣"。难点是如何引导幼儿在实际操作的系列活动中感知"1"和"许多"的关系，初步形成集合的概念。

四、说活动准备

皮亚杰指出："儿童认知发展是在与周围环境的相互作用中积极主动建构的。"因此，我为活动做了以下几个方面的准备。

1. 环境的创设。

把活动室布置成温馨的家庭的客厅、餐厅模样（幼儿可围坐在客厅、餐厅的大桌旁活动），在桌上铺上漂亮、整洁的餐巾，摆上几束花，让幼儿感受"家"的温馨。

2. 材料的提供。

为了保证每个孩子都有操作体验的机会，教师提供搓汤圆用的米团若干，幼儿人手一份垫板、塑料小刀、碟子、湿手巾、小袖套和围兜。

3. 生活经验准备。

活动前引导幼儿了解冬至时节当地的一些民俗，学习用橡皮泥搓圆。让幼儿尝试把已有的生活经验融入到活动中，提高幼儿活动的积极性。

五、说教学法

本次活动我始终注重幼儿的主体作用，大胆放手，让幼儿在亲历操作中去感知、去发现，从中体验成功的乐趣。我主要采取了以下几种方法——

1. 情景感染法。

幼儿在一种情感和认知相结合的教学环境中更能得到有效的发展。在活动中，根据班上幼儿对我非常依赖，平时都喜欢叫我"陈妈妈"的特点，我精心设计"家"的场景，并用语言、情绪加以引导，使幼儿置身其中，感受"家"的温馨，自然产生"家"和"妈妈"的情感，充分调动幼儿学习的积极性和制作汤圆的兴趣。

2. 操作探索法。

蒙台梭利非常注重让孩子在操作活动中学习。幼儿的思维和动作密不可分，自己动手操作是幼儿认识事物的重要途径。在活动中，我提供足够的米团，让幼儿把大米团搓长、切成小米团，感知大米团的变化（即一块大米团变成许多小米团，再把小米团搓圆，一个一个的汤圆合起来就有许多汤圆），让幼儿在操作摆放中反复感知"1"和"许多"的关系，真正体现"儿童的智慧在他们的手指尖上"。

3. 游戏法。

游戏是幼儿最喜爱的活动形式之一，也是最能激发幼儿主动参与的活动方式。因此，在整个活动中，我始终以"妈妈和我们玩"为线索，通过搓汤圆——煮汤圆——吃汤圆等游戏环节，让孩子在充满游戏的气氛中快乐地学习、感知"1"和"许多"。

4. 自由交流表达法。

《纲要》中的科学领域明确指出，要让幼儿能用适当的方式表达、交流探索的过程和结果。在活动中，我有意识地为孩子营造一个宽松的氛围，鼓励幼儿与同伴或教师交流自己做的汤圆，满足幼儿个人表达、表现的欲望，让幼儿通过"说"与"做"获得相关的知识经验。

六、说活动过程

1. 感受环境，激发兴趣。

活动的开始环节首先要引发幼儿参与活动的兴趣。小班幼儿的注意力容易分散，保持注意的时间不长。因此，在活动的开始，我带幼儿进入"家"中，穿围兜，戴袖套。同时我以"妈妈"的身份与口吻带领幼儿感受"家"的温馨——"我们的家好漂亮呀"！这样，幼儿一下子就被吸引住了。接着"妈妈"提出了活动任务：要和大家一起搓、煮和吃汤圆。幼儿马上就接受了这一活动任务了。

（设计意图：以模仿家庭生活导入，这种方式是数学学习生活化、情景化的一种最好的表现）

2. 示范引导，视听结合。

为了进一步激发幼儿活动的积极性，我采用"变魔术"的方法讲解示范。首先，把一块大米团搓呀搓，米团变长了，然后用小刀切成许多小米团，并引导幼儿观察、点数："妈妈切了1块、1块、1块……大米团变成这么多的小米团了。"通过点数，引导幼儿感知一块大米团变成许多小米团。

其次是搓汤圆，我引导幼儿在搓、放汤圆的过程中学习"1"和"许多"，即"妈妈搓了1个汤圆，1个汤圆，1个汤圆……哇，妈妈搓了许多汤圆"，引导幼儿观察感知一个一个汤圆合起来是许多汤圆。

（设计意图：在这一环节中，我的动作演示和语言辅助既帮助幼儿从听觉

和视觉上感知"1"和"许多"，同时也为后面的幼儿操作打下基础，起到承上启下的作用）

3. 操作感知，自然渗透。

美国教育心理学家卢姆曾提出："只要有足够的时间和机会，每个儿童都能达到高水平的学习。"因此，我提供充分的时间、空间和材料让幼儿在动手操作中体验"1"和"许多"的关系。

同时，在操作中我还根据幼儿的个别差异，提醒个别幼儿先把一块大米团切成几块小米团，再把小米团搓成小汤圆。在不影响幼儿活动的情况下，告诉幼儿可以边搓边数，看看自己搓了几个汤圆。再和同伴比一比，看谁搓的汤圆多，各自的汤圆有什么不一样（大小、形状等）。引导幼儿看看一个一个汤圆合起来就是许多汤圆。在这样一种宽松、愉快的活动气氛中，自然地渗透数的教育。

（设计意图：皮亚杰认为，数概念是不能直接用语言教的。儿童对这类知识的获得，是通过摆弄它们和在内心组织自己的动作。头脑和材料之间的相互作用达到一定的量的积累，才能产生质的飞跃，产生抽象的数概念。本环节是活动的重点环节，旨在引导幼儿通过动手操作，感知"1"和"许多"的关系，让孩子成为活动的真正主体）

4. 分享成果，体验乐趣。

为了让幼儿分享成果，体验乐趣，我设计了煮汤圆、吃汤圆的环节。轻声播放歌曲《卖汤圆》，让幼儿在煮汤圆和吃汤圆的过程中互相交流："刚才你搓了几个?""你吃了几个汤圆，味道怎么样?"使幼儿在活动过程中，进一步感知数的关系，同时也共同体验了分享劳动成果的乐趣。

（设计意图："数学是从现实世界中抽象出来的，来源于生活，回归于生活。"教师有意识地营造一种生活化、情趣化的教学环境，让幼儿在煮汤圆、吃汤圆的过程中感受数的关系及参与活动的乐趣。在交流的过程中既能发展幼儿的语言表达能力，又能促其将自己获得的经验与同伴交流分享，使《纲要》中指出的"生生互动"得到充分体现）

总之，整个活动过程中，数学成为一种隐性的活动，幼儿始终在情境中享受丰盛的"数学大餐"，真正体现"教育生活化"的理念。

（陈珍）

第五节　艺术领域

《手指点画"快乐的虫子"》说课稿

一、教材分析

我班主题活动"可爱的小动物"正如火如荼地开展着，我们开展了给小动物涂色、撕贴狮子、手指点画小鸡等活动。在手指点画小鸡的活动中，一名幼儿用手指点画小鸡时说小鸡最喜欢吃虫子了，引起了幼儿的极大兴趣：虫子长得长长的、一节一节的……我们还发现：将一个个点连起来不就是一条虫子吗？手指点画可以是单独的点，也可以是连贯的点，点和点可以组合、变形从而组成各种有趣的图案。此外，手指点画属于实物版画中比较简单、容易操作的内容，非常适合没有版画基础的小班幼儿操作，操作起来又有一定的挑战性。于是，我们结合分享"小鸡找虫吃"活动中幼儿感兴趣的虫子问题，生成了"快乐的虫子"美术活动。

活动目标：

1. 知识目标：初步学习用手指点画来表现虫子的外形特征。

2. 能力目标：能用画面的组合来表现虫子的各种动态。

3. 情感目标：知道自己生活在绚丽多彩的世界里，激发热爱生活、热爱大自然的情感。

重点与难点：

《纲要》提出："进行艺术活动时，要根据幼儿的发展情况和需要，对表现方式和技能技巧给予适时、适当的指导。"在幼儿对毛毛虫及点画有一定了

101

解的基础上，设定活动的重点在于将点画的圆圈连接起来，明确点画毛毛虫身体与节数有关。难点是如何表现出毛毛虫的各种动态。在家长、教师收集资料的基础上，用录像、课件、游戏等形式向幼儿直观形象地展示毛毛虫的各种动态，并采用游戏"虫子捉迷藏"贯穿整个活动，为幼儿创设一个宽松、有趣的活动氛围，引导幼儿通过观察、想象、讲述、动手等表现毛毛虫的外形特征。

活动准备：

经验准备：带领幼儿玩体育游戏"虫子爬"；请家长利用周末带幼儿到草丛中寻找毛毛虫。

物质准备：实物拓印背景图三张；虫子道具一个，红、黄、蓝、黑四种颜料若干碟，抹布人手一块。

二、说教法

1. 情景创设法。兴趣是孩子最好的老师。在小班幼儿已有经验的基础上创设相应的游戏情景"与虫子捉迷藏"，让幼儿更能积极地参与其中。

2. 启发性提问法。谈话能维护宽松的精神氛围和自主表现的时空，而提问的方式又能引导幼儿靠近主题，表达出自己的所思所想和已有的知识、经验。

3. 示范讲解法。小班幼儿需要教师分步骤示范操作，才能在模仿中掌握基本的技法，所以有条有序的示范、讲解是很重要的。

4. 个别指导法。幼儿美术活动虽然游戏性很强，又非常自由，但它并不是单纯的娱乐或消遣，教师在把握幼儿现有水平和每个孩子的特点的前提下，对个别幼儿适时、适当的指导才能出成果。

三、说学法

1. 讨论法。在观察之后和操作之前，提供给幼儿一个相对自由的空间，鼓励幼儿大胆讨论毛毛虫的藏身之处，有利于发展幼儿的想象力和自主解决问题的能力。

2. 操作法。这是美术活动中重要的学法，幼儿通过动手操作，才能掌握手指点画的技巧并从中体验情感教育。

四、说活动过程

1. 出示虫子道具，引出活动。

提问：小虫子长什么样？（请幼儿一起数数虫子的节数）

（设计意图：点画虫子的难点是让幼儿控制虫子身上的节数，而使画面具有美感。点数的目的是为了帮助幼儿进一步理解虫子身上的节是由一个一个的点组成的，明确点画与节的关系，另外数字"5"可以帮助幼儿有意识地控制每条"虫子"的长度，让画面更具美感）

2. 出示大幅背景图，师幼共同点画虫子。

（1）出示背景图，引导幼儿观察背景图。

（设计意图：在提供幼儿表达、表现的平台基础上，突破以往"人手一张绘画纸"的教学模式，以小组合作作画的形式，为幼儿提供了大张的背景图，背景图的画面内容充分体现版画的效果，如树叶、水果、花朵、小草等。幼儿看到的是自然、逼真的巨大的树叶、水果以及嫩绿的小草，显得亲切、自然，给他们以震撼的视觉冲击，激发幼儿点画虫子的兴趣）

（2）了解虫子的藏身之地，为点画作准备。

提问：小虫子喜欢躲在哪里？

（设计意图：在预设的问题情境中，激发幼儿的创造性思维。教师随机应变，在幼儿面前展示不同的画种和不同的绘画工具，帮助幼儿发散思维）

（3）教师示范点画虫子的头部，指导幼儿参与点画。

提问：虫子受伤了，有什么好办法可以将虫子的头和身体连起来？

（设计意图：点画虫子的难点在于"虫子各个节之间的连接"，要避免传统教学中"教师示范幼儿模仿"的局限，让幼儿创造性地学习相关技能。对此，教师有意识地将活动的难点作为问题抛给幼儿："虫子的身体在哪里？谁能帮忙一下？"请幼儿点画）

（4）提升点画虫子技巧，共同讨论点画的重点与注意事项。

提问：虫子的身体为什么要一节一节连接在一起？

（设计意图：学会点画虫子技巧，并不能满足能力强的幼儿的需求，因此提升虫子的动态，提升画面的审美情趣，是这个环节的重点）

3. 引导幼儿在背景图上点画虫子，鼓励幼儿大胆组合造型。

（设计意图：开始点画虫子，教师协助，进行有针对性的提示、引导。对于犹豫不决不知从哪儿落笔的幼儿，用"你的虫子准备从哪里爬出来"进行语言提示。对于画了很多雷同造型虫子的幼儿，用"你的虫子会爬到高高的树上吗""你的虫子会吃苹果吗""你的虫子有好朋友吗"等语言引导。在活动组织的过程中，注重幼儿的情感体验）

4. 师幼共同欣赏作品，引导幼儿从虫子的颜色、动态说一说虫子的心情。

提问：你画的虫子在哪里？是一只什么样的虫子？用你的动作表现出来。

（设计意图：每个幼儿都是创作这幅作品的主角，他们一起创作、相互欣赏、相互交流，一起体验自由表达与合作的乐趣）

5. 活动拓展：玩游戏"虫子爬呀爬"。

玩法：幼儿一个一个趴在地上，和前面的同伴连接成虫子的样子，开心地爬，并且边爬边念自编儿歌"快乐的虫子爬呀爬，爬到××做游戏"。

（设计意图：让幼儿将自己和同伴的身体连接起来，变成一条条可爱的"虫子"，与体育活动"虫子爬"整合，合作体验"虫子爬"，让美术活动的结束环节精彩而自然地结束）

（尤鸿婷）

第三章　幼儿园中班说课稿选萃

第一节　健康领域

《捉影子》说课稿

一、说教材

动作发展是儿童活动发展的直接前提，幼儿的动作发展促进其心智发展。《捉影子》是幼儿日常生活中经常接触的，也是幼儿十分感兴趣的活动。通过本活动，幼儿能较自如地进行走、跑，发展小肌肉的动作，提高动作的协调性、灵活性，培养灵活思维能力。此活动既适合幼儿的现有发展水平，又有一定的挑战性，贴近幼儿的生活，有助于拓展幼儿的经验和视野。

活动目标：

根据以上分析和中班幼儿的年龄特点，我结合认知、能力、情感三方面来考虑，确立了以下目标：

1. 引导幼儿能较自如地进行走、跑，能用手捉、用脚踩影子。

2. 体验游戏的快乐，养成勇敢、不怕困难的品质。

活动的重点：引导幼儿能较自如地进行走、跑，能用手捉、用脚踩影子。

活动的难点：体验游戏的快乐，养成勇敢、不怕困难的品质。

活动准备：

活动准备是为具体的活动目标服务的，同时幼儿是通过与环境材料的相互作用来获得发展的。所以我在活动中做了如下准备：小镜子若干、场景布置、音乐。

二、说教法

根据教学目标我主要采用的教法有——

1. 情境创设法。我在活动一开始就创设"皮影"游戏，满足幼儿的好奇心，吸引幼儿的注意力，激发幼儿的兴趣和学习热情，让幼儿体验发现的乐趣。

2. 观察指导法。我在整个活动过程中都认真地观察每个幼儿的活动情况，针对性地进行指导，对个别捉不到或踩不到影子的幼儿，马上给予帮助及指导，鼓励他们大胆勇敢，不怕困难，学会捉到或踩到影子，从而体验成功的喜悦。

三、说学法

在上列教法基础上，本活动引导幼儿使用的学法主要有——

1. 自主学习法。在活动的第二个环节中，教师引导幼儿自主地学习，在太阳光的照射下，如何找到影子。引导幼儿讨论用手捉、用脚踩影子的方式方法，让孩子的思维更加活跃，从而调动孩子的积极性，发展孩子的想象力。

2. 游戏法。在活动的第三个环节运用游戏法，由单一的游戏到综合游戏，增加难度，也增加趣味性，让幼儿在游戏中成长，并从中获取知识，体验游戏的快乐。

四、说活动过程

本活动分为五个环节。

第一个环节：创设情境，激发兴趣。我创设"皮影"游戏，激发幼儿对影子现象产生兴趣，使孩子对学习知识形成一种期盼的欲望和关注的心理，调动幼儿的学习热情，为下面的学习做好铺垫。

　　第二个环节：引导幼儿用手捉影子、用脚踩影子，这是本活动的重点。教师先引导幼儿做热身运动，然后介绍游戏的玩法。教师用镜子将阳光反射到墙上或地上，引导幼儿用手捉影子或用脚踩影子。也可以让幼儿自由玩，满足幼儿玩的欲望。或采用分组活动，让幼儿有的捉、有的照、有的躲、有的踩，并引导幼儿轮换角色玩游戏。提醒幼儿在玩时要注意安全，在奔跑、躲闪中避免碰撞，不要让镜子反射的光照到眼睛，镜子晃动的幅度不宜太大。最后引导幼儿小结并对在游戏中表现好的幼儿给予表扬。幼儿天生爱玩、爱动、爱尝试，因此本环节是通过幼儿自主探究、自主学习、合作交流，让幼儿在玩中学、玩中乐、玩中成长。

　　第三个环节：引导幼儿进行综合游戏练习。这是本活动的难点。教师在引导幼儿自由玩捉影子的基础上，增加难度和趣味性。幼儿必须走过小河，跳过小沟，钻过小洞，登上山坡去捉影子。为了突破难点，采用分组活动，幼儿先在小组内交流，然后全班交流自己是用什么办法捉到影子的。在活动中对个别胆子小、个儿矮、不爱动的幼儿要给予帮助指导，鼓励他们大胆勇敢、不怕困难，增强其自信心。这一环节用游戏练习，激发兴趣，调动幼儿的学习积极性，寓教于乐，让幼儿在轻松愉快中巩固所学知识和技能，从而达到学有所得，学有所乐。

　　第四个环节：放松活动。师幼在音乐声中做转头、耸肩、抖臂、踢腿等动作，让幼儿消除疲劳感。

　　第五个环节：活动延伸。在区域活动中投放镜子让幼儿继续探究。自主探究是人类学习的天性，幼儿在自主探究中会获得智慧的挑战。教育即经验的重组和改造，教学只有回归到幼儿经验及幼儿生活，才能生发出更深的意义和力量。

（杨黎颖）

《学会感恩》说课稿

一、教材分析

母亲带孩子来到世上，历尽艰辛养育他们，给他们呵护和温暖，孩子的每一次欢笑都蕴含着母亲的爱，每一滴泪水都包含着母亲的疼，每一个脚印都照映着母亲的辛酸……但是，孩子接受得坦然，接受得理所应当，觉得这是大人应该为他们做的，他们不知道感恩，不知道回报这份爱。因此，我选择了《学会感恩》这一活动，对中班孩子进行感恩情感的培养，希望通过这个健康活动，让孩子们产生感恩的心理，感恩自己的母亲，进而懂得要怀着一颗感恩之心对待身边的人，在此基础上获得表达爱心的愿望。

活动目标：

新《纲要》指出：幼儿情感教育的重要性，在于让幼儿能够感知情意，懂得情感，乐于表达情感，这些也是心理健康的重要标志。本活动要让幼儿亲身体验，自主表达，主动参与，在感知情意的基础上，大胆、大声、自由地表达自己的感谢与爱。在表达爱心的过程中，让感恩内化为幼儿的一种行为，或者说是一种人格特质。因此我把本次活动的目标定为：

1. 在活动中培养幼儿产生感恩的心理，重塑美德。

2. 让幼儿在感知情意的基础上，获得表达爱心的愿望。

3. 发展幼儿的口语表达能力。

重点、难点：

本活动重点在于让幼儿深切地感知情意，从而产生感恩的心理。活动的难点则是让幼儿将自己的爱心用语言表达出来。

活动准备：

对于整个活动来说，经验准备起着至关重要的作用，它能使整个活动的预设目标和生成目标共存。于是我在课前与幼儿谈话，让幼儿说说自己的妈妈，互相介绍自己的妈妈，让幼儿对妈妈有个更深刻的了解。

同时，为了更好地开展活动，教具准备也是必不可少的。我为幼儿准备了多媒体课件、金话筒一个、爱心大展板一块，音乐《好妈妈》、《感恩的心》等。

二、说教法

根据本节课内容的特点和教学目标要求，我采用了以下几种教法：

谈话法。谈话法是教师与幼儿双方围绕某一个主题，自由地发表自己的想法和意见，表达自己的感受和体验，进行相互交流，相互学习。谈话法能直接切入主题，引出重点，又能简单明了地让幼儿回忆自己的妈妈。

直观演示法。直观法是一种让幼儿直接感知认识对象的教学方法。活动中，我使用多媒体让幼儿了解妈妈一天中每个时间段为孩子做的事情，直观感知妈妈的辛苦，从而萌发爱妈妈的情感。

情感熏陶法。教师借助感情、声音等辅助手段对幼儿进行情感熏陶，以情感人，萌发幼儿感恩的心理是本次活动的重点。在幼儿直观感知妈妈的辛苦之后，再以情感熏陶法升华幼儿的感情，能很好地激发幼儿回馈妈妈、感恩妈妈的情感，因此我借助音乐《感恩的心》，在背景音乐的渲染下，有感情地朗诵文章《孩子，妈妈爱你》，将气氛推向高潮。

三、说学法

交流讨论法。讨论可以调动幼儿的学习主动性、积极性，培养思考能力和独特见解，有利于幼儿之间的相互交流。同时，教师可从中了解到幼儿的认识水平，从而有的放矢、因人施教。如观看课件后我适时让幼儿讨论：妈妈为什么要这么辛苦？妈妈幸福吗？通过这两个问题展开交流，充分挖掘妈妈辛苦的根源、幸福的理由。

参与法。活动采取参与法，让幼儿参与到爱妈妈的行动中，制作送给妈妈的礼物，表达感恩之心。

四、说活动过程

此活动打破传统心理健康活动以静为主的规律，化静为动，使教学真正地"活"起来。在活动过程中，通过自由表述妈妈→利用课件认识妈妈→渲染妈妈的爱→表达心声→为妈妈献礼物等环节，引领幼儿一步一步地将他们感恩的情感升华，推向高潮。

（一）谈话引入，说说自己的妈妈，直接切入主题，引出中心人物。

师：每个人都有一个妈妈，我们的妈妈是什么样的呢？她为我们做了什么？

（设计意图：通过谈话引入主题，自然而巧妙地引出主人公，让幼儿对妈妈的形象有个深刻的回想）

（二）播放课件《妈妈的一天》，让幼儿了解妈妈为孩子的辛苦付出。

1. 播放妈妈一天为孩子忙碌的情景，让幼儿观看。

2. 讨论：妈妈为孩子做了什么？妈妈为什么要这么辛苦？妈妈幸福吗？

（设计意图：辛苦与幸福是两个矛盾的词汇，但是妈妈却是辛苦又幸福着，因为她爱自己孩子，再多的付出也是心甘情愿的。让孩子直观感知妈妈的辛苦，了解妈妈幸福在哪里，才能深刻地体会妈妈的爱）

（三）教师配乐朗诵《孩子，妈妈爱你》，让幼儿充分感受妈妈对孩子的爱，激发幼儿回赠爱的欲望。

（设计意图：心理活动的重点与难点都在一个"情"字上，只有真情实感，才能打动幼儿。幼儿带着真情实感沿着情感脉络升华，那么整个活动最终才能达到目标，才能收到预期的效果。在《感恩的心》音乐的渲染下，教师有感情地朗诵妈妈对孩子的爱，从情感的感化入手将幼儿感恩的情绪调动起来）

（四）金话筒活动：妈妈，我想对你说。让幼儿用语言表达爱心。

师：妈妈这么爱你们，为你们做了这么多的事情，现在，你们最想对妈妈说些什么呢？拿起话筒对着妈妈大声说出来吧。（大屏幕出现妈妈的形象照，与幼儿交流互动）

（设计意图：通过前两个环节情感经验的积累，幼儿已有了想说的欲望，本环节让幼儿大声说出自己的心声，升华感恩心理，将气氛推向高潮，从而让幼儿学会用语言表达爱意）

（五）制作给妈妈的礼物，利用爱心大展板展示幼儿的礼物，并对妈妈说一句感谢的话，从情感上渲染感恩的心理。

1. 幼儿为妈妈制作礼物。

2. 集中幼儿，让幼儿将礼物展示在爱心大展板上，并对妈妈说一句感谢的话。

（设计意图：心理活动不仅需要感知，更要大胆表达，对于需要感谢的人，一定要把感恩之意说出来。有些幼儿也许心理已经深切地体会到了，但是他们不敢表达或不习惯、不善于表达，因此，我在本环节利用展板创设氛围鼓励幼儿大胆表达，激发幼儿表达爱心的愿望）

（六）活动延伸：让幼儿回家对妈妈说一句："妈妈，我爱您！妈妈，您辛苦了"，并为妈妈做一件自己力所能及的事情。

仅仅利用一节课培养幼儿的感恩心理是不够的，要让幼儿学会感恩，要从爱自己的身边人入手，从生活的点滴中去巩固，因此需要家长一起配合，接受幼儿的感恩，鼓励幼儿表达爱，让感恩心理变成幼儿的一种习惯，才是本次活动的最终目的。

（蔡瑜）

第二节 语言领域

《小蜡笔》说课稿

一、教材分析

《小蜡笔》这首儿歌明快、清新，通过描绘小蜡笔的用途，为我们勾勒出一幅色彩优美、生动的画面，很受幼儿喜爱。这种源于生活的题材易于幼儿理解和接受，而且其篇幅简短，句末押韵，读起来琅琅上口，鲜明的句式结构，富有趣味的语言风格，也是很好的儿歌仿编载体。中班幼儿的模仿能力强，他们能根据自己已有的经验说出许多特征明显的物体，并学习运用"画××，××怎么样"的句式结构，尝试仿编儿歌。该教材符合中班语言教学目标提出的"让幼儿理解简短的文学作品内容，初步感受其语言美，培养幼儿的想象力、口语表达能力"的要求。

活动目标：

根据教材的特点以及我班幼儿的实际情况，我确定了本活动的教学目标如下——

1. 知识目标：理解儿歌内容，知道儿歌的句式特点。

2. 能力目标：初步学习根据熟悉物体的明显特征仿编儿歌。

3. 情感目标：在欣赏、讨论、仿编儿歌等活动中，感受事物的美好。

重点和难点：

中班语言领域发展目标要求是：在仿编活动中，只要求幼儿通过交换此举，是诗歌画面出现新的内容，由于中班幼儿尚处初步学习仿编阶段，词语运用仍有一定困难，所以我确定本次活动的重点为理解儿歌内容，知道儿歌的句式特点；难点为学习根据物体的明显特征仿编儿歌。

活动准备：

活动的准备是为了更好地服务活动目标。为了使活动的趣味性、综合性、活动性协调统一，寓教育于生活情境、游戏之中，我做了以下活动准备——

1. 经验准备：会简单画一些常见的物体，能讲述常见物体的明显特征。

2. 物质准备：

（1）情境创设：布置画展（幼儿的蜡笔画作品若干）。

（2）图谱、蜡笔、图画纸若干。

二、说教法

新《纲要》指出，教师要成为学习活动的支持者、合作者和引导者，同时为了遵循"幼儿是通过自由观察、积极探索进行学习的"这一认知发展规律，在本活动中，我采用了以下几种教法——

1. 情境创设法。创设情境——布置小蜡笔画展，让幼儿自由参观、交流，欣赏同伴的蜡笔画作品，营造一种宽松、愉悦的活动氛围，给幼儿一个想说、敢说和爱说的语言环境，激发他们强烈的表达欲望。

2. 图谱演示法：儿歌的内部结构、句式的排列规律属于隐性因素，形象的图谱可以使这些无形、抽象的因素变得具体、生动，有助于幼儿理解。活动中我将有感情地朗诵儿歌，把整首儿歌以图谱的形式展现给幼儿，帮助幼儿理解儿歌内容，并通过图谱上的图标记号，让幼儿轻松地掌握朗诵的节奏与要领。同时，幼儿也能对儿歌的句式结构有个初步的认识，为接下来的创编留下完整的视觉印象。

3. 提问法：提问是教师引导幼儿观察事物，要求幼儿再现已掌握的知识，启发幼儿积极思维的手段。提问在教学中发挥着不可替代的作用，我主要运用了启发性提问（如：小蜡笔还画了什么？它是什么样的）、假设性提问（如：如果你是小蜡笔，你想画什么）等等。在提问中，我还注意问题的层次性，让不同语言发展水平的幼儿，都有不同程度的提高。比较容易的问题请语言发展水平较弱的幼儿回答，需要幼儿描述的问题就请能力较强的幼儿回答，而总结、归纳性的问题请能力最强的幼儿来回答，使每个幼儿都能体验到成功的喜悦。

三、说学法

本次活动，主要采用欣赏法、发现法、讲述法。

1. 欣赏法：引导幼儿欣赏小蜡笔的画展作品，使幼儿获得美的享受，陶冶美的情操。在活动过程中，通过欣赏儿歌，感受儿歌的朗诵节奏，唤起幼儿对作品外的一些事物的经验和回忆，从而激发幼儿表达的欲望。

2. 发现法：在活动中，幼儿通过参观小蜡笔的画展，认真观察图片，发现图片中事物的主要特征，并用相应的词汇描述出来，充分体现幼儿参与活动的主动性和积极性。

3. 讲述法：主要教会幼儿能准确地回答问题，恰当地说明自己的想法和做法。在活动中，我采用多种形式的提问，为幼儿提供讲述的空间，启发幼儿用洪亮的声音、完整的语言进行讲述，并且注意为每位幼儿创设讲述的机会。

四、说活动过程

本活动，我主要分五个环节展开，下面将其详细说明一下。

（一）引入部分：以"参观蜡笔娃娃的画展"引入，激发幼儿兴趣。

1. 师带幼儿自由入室参观画展。

2. 个别提问：小蜡笔画了什么？你感觉怎样？

（设计意图：以带领幼儿"参观蜡笔娃娃的画展"引入，能够激发幼儿兴趣。通过参观、提问和交流，让幼儿尝试用相应的词汇对画中的事物的主要特征进行描述，为下面仿编儿歌环节做好铺垫）

（二）演示图谱学习儿歌内容，引导幼儿观看图谱，理解儿歌的结构。

1. 师有感情地朗诵儿歌，幼儿完整地欣赏。

2. 启发幼儿交流欣赏后的感受，引出儿歌结构图谱。

（设计意图：这个环节主要是帮助幼儿初步理解儿歌内容。我以图谱演示法的形式，将儿歌内容逐句呈现在幼儿面前，给幼儿一个完整、直观的印象，在利用凭借物的基础上，降低幼儿理解儿歌的难度，便于记忆）

3. 教师再朗诵，根据图谱上的记号，有意识地引导幼儿掌握朗诵节奏。

（三）依据图谱，学习根据物体的明显特征来仿编儿歌。

1. 引导幼儿观察、分析图谱，学习仿编儿歌。

2. 请幼儿尝试仿编，并大胆朗读。

（设计意图：教具的制作应有反复使用的价值，在本次活动中，我的图谱使用率就比较高，它不仅能帮助幼儿理解儿歌内容，还能让幼儿更好、更直观地学习儿歌的句式结构，让他们很快掌握仿编儿歌的要领，起到事半功倍的作用。此环节也是突破重难点的关键，所以在这个环节中，我重点引导幼儿观察和分析图谱，让幼儿准确掌握图谱的句式结构，启发幼儿重点抓住事物的主要特征，按图谱的句式学习说一句话，接着让幼儿把编好的几句话串起来，自然成为一首好听的儿歌。这样一来，幼儿就会感到仿编儿歌并不难，

而且还很有趣）

（四）自主选材，分组合作，仿编、朗诵儿歌。

1. 幼儿自由仿编儿歌，师要求用句式：画××，××____。

2. 引导幼儿与同伴合作仿编儿歌。

（设计意图：在仿编儿歌环节中，我为幼儿提供了一些常见物的图片，如太阳、蝴蝶、小鱼和房子等，让幼儿借助这些形象的图片仿编儿歌，增强仿编儿歌的趣味性。在这当中，我更多的是为幼儿提供仿编儿歌时所需的材料，并引导他们运用"画什么，什么怎么样"的句式说一句话，其他不作过多干预，把学习的自主权交给幼儿，让他们自由选择材料，自由选择合作伙伴，充分体现出幼儿学习的自主性，让幼儿成为学习的主人，语言获得最大的发展）

（五）交流欣赏、朗诵自己创编的儿歌，体验仿编的乐趣。

1. 鼓励幼儿用自然的声音有感情地朗诵自己仿编的儿歌。

2. 鼓励幼儿与同伴合作朗诵创编的儿歌，体验仿编的乐趣。

（设计意图：一个活动的成功与否，要看每个孩子的能力在原有的水平上是否都得到了相应的提高和发展。这个环节我让幼儿将自己编的一句好听的话与同伴编的几句话串起来，成为一首完整的、好听的儿歌。幼儿在朗诵作品时，以小组的形式来进行，按图谱顺序，轮流朗诵出自己编的那句话。每个幼儿都有表现自我的机会，他们在朗诵自己的作品时能体验到成功的喜悦，有强烈的满足感。在小组合作的基础上，能力弱的、胆子小的幼儿在能力强的幼儿的带领下也能克服紧张的心理，从而展现自己勇敢的一面，保证每个孩子的能力都获得相应的发展）

（蔡炜玮）

《不敢张嘴的小鳄鱼》说课稿

一、教材分析

《不敢张嘴的小鳄鱼》是一个充满爱心的小故事。故事讲述了食肉动物小鳄鱼当当和小鸡成了一对好朋友，小鳄鱼当当的爸爸妈妈非常不理解，指责小鳄鱼当当是个大傻瓜，并叫小鳄鱼吃掉小鸡来填补自己的身体。小鳄鱼当当再次见到小鸡时又出现了本能的流口水、肚子咕咕叫的生理反应，可是面对站在自己面前说着友好和关心的话的小鸡，小鳄鱼当当却不敢张嘴，因为他担心自己一张开嘴巴就会把小鸡给吃了。在内心的纠结和矛盾中，善良的小鳄鱼当当选择了不张嘴辩解。为了不伤害小鸡，最终小鳄鱼当当孤零零地一个人离开了小鸡。这个故事通过矛盾的心理、反常的情节吸引着孩子，让孩子感受善良和友谊的美好，在孩子情感发展的重要时期给予了正面的熏陶和引导，是个很有价值的文学素材。

活动目标：

活动目标是活动过程的核心与灵魂，根据《纲要》要求和故事内容，以及中班孩子初步萌芽的美好情感特点，特制订以下活动目标：

1. 喜欢欣赏童话，理解故事情节。

2. 了解故事中当当不敢张嘴的原因。

3. 学会故事中的对话，感受友谊的美好。

活动准备：

1. 经验准备：请家长陪同孩子观看电视《人与自然》，了解鳄鱼的习性。

2. 物质准备：PPT 课件《不敢张嘴的小鳄鱼》、小鳄鱼图片。

二、说教法

中班孩子的思维还处于直观形象阶段，越直观、越形象生动的教育方式越能达到教育成效。所以活动中我始终以孩子为主体，采用了直观展示法、启发提问法、语言讨论法等教法，充分调动孩子学习故事的兴趣和积极性，以达到活动预设的目标。

1. 直观展示法。观察是幼儿获得知识的最有效途径，加上中班的孩子对故事里蕴含的情感因素理解较难，所以我选择了直观展示法，运用多媒体课件作为教育载体，让孩子从直观的课件画面中读懂故事情节，理解故事情感。

2. 启发提问法。提问法是故事教学中最普遍、最直接的方法，而且提问能帮助孩子理解故事内容，引发孩子积极思考。我运用的启发提问法让幼儿把 PPT 中看到的故事情节用语言逐步连贯地描述出来，以解决活动的重难点。如：小鳄鱼当当看见小鸡就会有什么反应？小鸡说了什么？小鳄鱼当当为什么不敢张嘴？最终小鳄鱼当当做出了怎样的选择？这些问题既能启发幼儿的思维，又能帮助孩子理顺故事情节，并进行表达。

3. 语言讨论法。讨论法的作用在于变被动学习为主动学习，让孩子在讨论中自己得出结论，从而更能理解故事内容、更深刻地感受到小鳄鱼当当所带来的美好友谊。如让孩子们讨论：为什么鳄鱼们说小鳄鱼当当是个大傻瓜？小鳄鱼当当是不是大傻瓜？让孩子通过讨论充分感受故事中美好的友谊情感。

三、说学法

孩子是活动的主体，也是所有教育活动的落脚点，创设科学的学法能让孩子积极主动地参与互动，获得经验、感受与体验。

1. 观察法。孩子通过观察 PPT 中鲜明的动物表情、动作，获得小动物的内心语言，理解了委屈、纠结、矛盾、生气等内心活动。

2. 讨论法。通过师幼讨论、幼幼讨论，在讨论和表达中理解故事内容，学习对话。

3. 感受法。通过教师富有感情的对话语气，让孩子们感受到小鳄鱼当当的爱心和美好友谊。

四、说活动过程

整个活动过程我遵循中班孩子的学习规律和年龄特点，根据故事情节发展的需要以及故事所蕴含的情感因素，设计了三个环节。

（一）出示小鳄鱼的图像，引出童话故事

引导语：图片中的小动物是谁？（小鳄鱼）

小鳄鱼喜欢吃什么？（吃肉）

小鳄鱼跟小鸡碰到了一起，会发生什么事？（会把小鸡吃了）

那我们来看看动画片（PPT），小鳄鱼是不是把小鸡吃了。

（设计意图：故设悬念，引出课题并引发孩子的兴趣，激起孩子了解故事情节的欲望）

（二）完整播放 PPT，帮助孩子初步理解故事内容

1. 引导孩子阅读故事，初步理解故事内容，感受小鳄鱼的心理变化。

2. 讨论：为什么鳄鱼们说小鳄鱼当当是个大傻瓜？

小鳄鱼当当是不是大傻瓜？为什么？

（设计意图：通过完整观看 PPT，让孩子对故事有初步的理解，并在讨论中加深对故事情节的认识，获得初步的情感体验）

（三）分页播放 PPT，帮助孩子进一步理解故事内容，学习对话

1. 引导孩子理顺故事情节。

提问：小鳄鱼当当看见小鸡就会有什么反应？

小鸡说了什么？

小鳄鱼当当为什么不敢张嘴？

最终小鳄鱼当当做出了怎样的选择？

2. 引导孩子观察小鳄鱼和小鸡的表情、动作，读懂小鳄鱼心里的矛盾和小鸡的愤怒。

提问：你从哪里看出小鳄鱼当当很伤心、很矛盾？

你从哪里看出小鸡很生气？小鸡说了什么？

小鳄鱼当当在小鸡离开它时说了什么？

（设计意图：分页播放 PPT，让孩子仔细观察动物的表情、动作，从观察中学会读懂画面所蕴含的信息）

（四）再次完整观看 PPT，感受美好的友谊

讨论：小鳄鱼当当是个没礼貌的家伙吗？

你喜欢故事中的小鳄鱼当当吗？为什么？

小鳄鱼当当为什么没有吃掉小鸡？

小结：小鳄鱼当当是个善良、善待朋友、充满爱心的小动物，我们要好好学习小鳄鱼当当的爱心和友谊。

（设计意图：再次让孩子完整观看 PPT 的目的在于让孩子在重温中进一

步理解故事内容，并深刻感受生活中的善良和友谊）

（五）活动延伸

在区域中投放《不敢张嘴的小鳄鱼》故事操作图片，让孩子在区域活动中操作故事，获得更多的情感体验。

（卓雪琴）

《会动的房子》说课稿

一、教材分析

随着主题活动《奇妙世界》的进行，我班幼儿开始对大自然产生浓厚的兴趣，特别是生活与自然界中的各种声响，因此童话故事《会动的房子》油然而生。故事生动讲述一只粗心的可爱小松鼠，把房子建在乌龟背上，每天都在变化方位和地点。故事充满艺术想象，既诙谐有趣，又合乎情理，让幼儿从中体会到人与人互动的人情美，同时给幼儿留下丰富的想象空间，符合中班幼儿语言发展的特点。

活动目标：

根据中班幼儿实际情况，我将目标定位为认知、能力、情感三个方面。

1. 认知目标：引导幼儿理解作品故事情节，动物形象的特点，学习新词"呼呼呼，哗哗哗，哒哒哒"；学会用语言正确描述出声响。

2. 情感目标：感受作品的诙谐美，体会大自然的美，培养幼儿对大自然的热爱。

3. 能力目标：开动脑筋，续编故事，培养幼儿大胆想象创造的能力。

重点、难点：

本次活动的重点是：理解故事情节及动物形象的特点，感受作品的诙谐美。难点：鼓励幼儿大胆想象，续编故事，通过挂图、教具、故事表演，为幼儿创设生动、形象的语言环境，运用描述性、思考性、假设性的三层次提问方式，帮助幼儿理解故事的情节及动物形象特点等，从中体会到大自然的博大美妙和生活的美好。

活动准备：

为了多给幼儿自我感知和体验、大胆想象和表述的机会，我做了以下准备——

材料准备：教学幻灯片《会动的房子》四幅；录存风声、海浪声、马蹄声的磁带。

物质准备：水彩笔、蜡笔、画派人手一份。

经验准备：幼儿对乌龟尤其是龟背的认知。

二、说教法

活动中我利用多种教学形式，包括情景创设法、演示法、讨论法等，尽量充分调动幼儿各种感受，帮助幼儿理解故事的主题、情节、人物性格特征等。

1. 演示法。利用幻灯片、录音，将故事的情节进行完整讲述，帮助幼儿对故事内容有个大概的了解，化枯燥为乐趣，让幼儿在活动中更兴趣盎然，积极互动地发展。

2. 讨论法。教师通过假设性提问"假如你是小松鼠，你会叫乌龟带你到哪儿去"，鼓励幼儿大胆想象，将故事主题与现实社会结合。

3. 情景创设法。从幼儿的生活经验入手，提问："房子会动吗?"设置一定的情境，引发幼儿急于了解故事的浓厚兴趣，促进其态度体验，使幼儿心理机能得到发展。

三、说学法

我通过创设丰富的教学活动形式，以发展幼儿创造性想象和语言表述为主，多给幼儿自我感知和体验，大胆想象和表述的机会。

1. 操作法。尽量充分调动幼儿各种感官，采用视、听、讲、做结合法，发展幼儿语言能力。因此，活动中引导幼儿在理解故事情节的基础上，把自己的想象画下来，续编故事情节，丰富图书的内容。

2. 观察法：通过直观课件教具，把幼儿带入美丽、清新的大自然中，视、听相结合，使幼儿进入故事的意境，感知自然界中的各种声响，让幼儿体会到大自然的博大美妙和生活的美好。

3. 自由讨论法。求异思维是创新思维的核心，利用三层次提问的方式，引导幼儿多角度理解故事，并在假设性提问的引导下迁移作品经验，进行大胆的艺术想象和创造。

四、说活动过程

整个活动的设计，以发展幼儿创造性想象和语言表述为主，根据幼儿年龄特征及语言发展特点，循序渐进，由浅入深地引导幼儿完整掌握作品，即动—静—动，留给幼儿发挥想象的空间。活动过程分为四个环节——

（一）创设情境，引出故事

活动开始，教师提问："房子会动吗？"以提问导入，引起幼儿的兴趣，为下面的讲述做好铺垫。

提问："小朋友，你家的房子会动吗？你见过会动的房子吗？今天，老师要说一个会动的房子的故事，你们想不想听听呀？"

（设计意图：利用提问导入，引发幼儿急于了解故事的浓厚兴趣，让幼儿置身于一种探究问题的情境中，以激发幼儿学习的欲望，使幼儿乐于学习）

（二）观看幻灯片，以提问的方式帮助幼儿理解画图内容。

1. 播放录音磁带，教师生动有感情地讲述故事。

提问：故事名字叫什么？故事中有哪些小动物？小松鼠把房子盖在哪里？它的房子先后到了哪些地方？

2. 通过幻灯片和录音等形式，第二遍讲述故事。

提问：房子为什么会动？小松鼠是一只什么样的小松鼠？

（设计意图：给幼儿创造一个续编故事的背景和条件，引导幼儿多角度理解故事，从中体验并模仿故事中出现的声音）

（三）鼓励幼儿展开想象，续编故事

1. 提问：小松鼠的房子建在乌龟背上，带它到了很多地方。乌龟还会把小松鼠的房子带到哪些地方呢？小松鼠又能看到哪些新奇的东西呢？

2. 引导幼儿把自己的想象画下来，续编故事情节，丰富图画书内容。

（设计意图：教师积极引导幼儿参与讨论、交流，鼓励幼儿大胆想象和表述，积极表达不同的想法，运用多种感官参与学习，不仅有利于幼儿创新能力发展，也有利于语言表达能力的发展）

（阮芬华）

第三节　社会领域

《特殊的电话号码》说课稿

一、教材分析

幼儿社会教育是以发展幼儿的社会性为目标，以增进幼儿的社会性认知、激发幼儿的社会性情感、培养幼儿的社会行为为主要内容的教育。因此，在社会教育活动内容选择上要"既贴近幼儿的生活，又有助于拓展幼儿的经验"。中班幼儿年龄小，又处在未成年期，缺乏生活经验和自我保护能力，在日常生活中很容易发生意外伤害，虽然知道了一些急用电话，但还不会正确使用。因此我利用经常发生在孩子周边的生活经验开展有益的教育活动，从而真正体现《纲要》中提出的将教育生活化、生活教育化的精神。

活动目标：

根据中班幼儿社会性发展的目标和本班幼儿的实际水平，我制定如下适合幼儿最近发展区发展的三个目标——

1. 知识目标：对生活中特殊的电话号码感兴趣，了解它们与人们生活的关系。

2. 能力目标：乐意学习拨打特殊电话并正确描述情境，初步积累在紧急情况下报警求救的经验。

3. 情感目标：培养幼儿沉着、机智、勇敢的品质。

重点、难点：

根据活动目标和幼儿已有的生活经验，活动中我把如何正确拨打紧急电话设为教学重点；在危急的时刻，应如何应对突发事件、培养幼儿的应变能力设为教学难点。

活动准备：

为了更好地服务于本次的活动目标和完成活动内容，我做了如下准备——

1. 经验准备：请家长利用休息时间收集不同的电话号码，并尝试拨打电话。

2. 物质准备：与特殊电话号码有关的场景图 3 幅，海报 3 张；写有特殊电话号码的卡片若干张，篮子 3 个，模拟电话机。

二、说教法

这个活动，对象是中班幼儿，年龄偏小、好动、爱玩、好奇心强、注意力容易分散，根据这些特点，我采用愉快教学法，以情境贯穿整个教学过程，从而提高幼儿学习兴趣，吸引其注意力，充分发挥他们的积极性。

1. 情境创设法。赞可夫说："教学法一旦触及到幼儿精神的需要，这种教学法就能发挥高度有效作用。"情境创设法就符合这一原则。我在活动中创设了房子着火、有人病重、众人打架三种情境，让幼儿全身心地投入到活动过程中。

2. 问题设置法。教师设计一系列问题，使幼儿不断思考、不断进取。

3. 引导游戏法。本次活动通过游戏，让幼儿进行电话号码的配对，使幼儿能正确拨打紧急电话，突出教学重点。

三、说学法

新《纲要》指出，教学活动应注重综合性、趣味性、活动性，育教于生活、游戏之中。在本次活动中，我将以幼儿为主体，创造条件让幼儿参与活动，精选的学法有——

1. 游戏体验法。心理学指出，凡是人们积极参与体验过的活动，人们会对活动的感觉和内容的印象更为深刻。本次活动通过让幼儿模拟实践，学习拨打紧急电话，使活动更为丰富、有趣。

2. 多种感官参与法。通过看、听、说、操作等多种感官的参与，让幼儿更有兴趣地学习，让活动气氛温馨和谐具有现代气息。

3. 交流合作法。幼儿根据自身的生活经验互相合作，共同制作特殊电话号码使用方法的宣传海报，促进幼儿与幼儿之间的交流，培养幼儿的合作意识。

四、说活动过程

本次活动引导幼儿多方参与，整个活动程序共分四个环节来进行。

（一）感知辨别三个特殊的电话号码

1. 引导语：最近，我们收集了许多不同的电话机和手机。小朋友在介绍自己知道的电话号码时发现，家里的电话号码有 8 位数字，爸爸妈妈的手机号码有 11 位数字。黄老师还知道三个特殊的电话号码只有 3 位数字，这三个号码是人们在碰到危险或紧急情况时使用的，你们知道是哪三个号码吗？（110、119、120）

小结：我们班有小朋友知道这三个电话号码。这三个特殊的电话号码是人们在危险或紧急情况下使用的，所以只用三个数字，这样记起来容易，拨起来也快。

2. 出示房子着火、有人病重、众人打架的三幅场景图，请幼儿进行电话号码配对游戏。

提问：这里发生了什么事情？房子着火了该拨打哪个电话？有人生病了该拨打哪个电话？马路上有人打架要拨打哪个电话？

（设计意图：本环节通过配对游戏，使无聊的特殊电话号码一下子变得特别有趣，孩子乐于参与）

（二）模拟实践学习拨打紧急电话

1. 出示房子着火的图片。

请一个幼儿模拟拨打 119，并报告火灾情况。

小结：拨打火警电话应该说清着火的具体地址、火势有多大、有没有人受伤、打电话的人是谁以及联系电话是多少。

2. 出示有人病重的图片。

请一个幼儿模拟拨打 120，并报告病人的情况。

小结：拨打 120 要说清病人所在的具体地址、伤势或病情如何、打电话的人是谁以及联系电话是多少。

3. 出示众人打架的图片。

请一个幼儿模拟拨打 110，报告相关情况。

小结：拨打 110 的注意事项。原来拨打报警电话 110 和火警电话 119、急救电话 120 的道理都一样，都要说清楚事情发生的具体地址，拨打电话的人是谁以及联系电话是多少。不过打报警电话 110 时还要说清发生的到底是什么事件，这样能方便 110 中心安排对应警种的警察前来处理。

（设计意图：本环节通过模拟实践活动，让幼儿很快就能掌握正确拨打特殊电话号码的方法）

（三）制作海报巩固特殊电话号码使用方法

1. 合作制作海报。

师：我们小朋友真的很棒，知道了三个特殊电话号码的用途，学会了拨打它们的方法。也许小班的弟弟妹妹们还不知道怎么用这些电话，我们一起来做几张宣传海报，把这些保护自己的方法也告诉他们好吗？

教师拿出事先准备好的三张海报，上面有小朋友迷路、失火、爆炸、交通事故、重病病人、小偷偷窃、打架、抢劫、孕妇晕倒等画面。请幼儿将三个电话号码的卡片分别贴在对应的图片旁边。具体要求：幼儿分成三组，跟朋友合作完成海报；做海报时先看清画面内容，再想想该打哪个电话号码，最后在篮子里找出这个号码贴在图片旁边。教师记录幼儿的配对情况。

2. 检查幼儿的海报。

逐一检查三张海报，发现问题及时纠正。

师：好了，大家都完成了。等小班的弟弟妹妹有空的时候，我们就去把学到的方法介绍给他们。

（设计意图：本环节合作制作海报，不仅培养孩子合作交往能力，而且巩固了幼儿对特殊电话号码的认识）

（四）活动延伸

利用海报，把自己学到的方法介绍给小班的弟弟妹妹。

（设计意图："以大带小"实现的是一对一互动，孩子之间彼此靠近，亲热有加，默契相助，让幼儿有更多机会和不同年龄的儿童相互交往，不仅让不同年龄幼儿的差异性得以有效互补，而且也让孩子的个性得以张扬）

（陈巧灼）

《互相帮助》说课稿

一、教材分析

《互相帮助》是中班领域中的一个社会活动，以"学习主动帮助他人，有同情心"为主题。从幼儿心理发展的层面来说，中班幼儿正处于个性初具雏形的阶段，所以培养幼儿的互助意识，学习助人为乐，对幼儿的社会性学习具有重要意义。

活动目标：

1. 知道有许多人需要帮助，并会主动帮助别人，具有同情心。

2. 向雷锋叔叔学习，知道助人为乐是一种美德。

我把"能注意到别人的困难和需要，体验相应的情感，主动帮助别人，具有同情心"放在目标的首位，因为这是本次活动的重难点。重点是引导幼儿能够主动帮助别人，具有同情心，这个重点也恰恰是难点，因为引导幼儿主动帮助别人，有同情心不是一朝一夕就能实现的，而是需要渗透在日常生活中，逐渐帮助幼儿养成助人为乐的习惯。

活动准备：

活动准备为活动的成功展开提供了可能性，同时，幼儿的经验是通过环境与材料相互作用获得的，社会活动的课前知识经验准备尤为重要，它直接影响到幼儿学习的兴趣，所以，我为本次活动做了以下准备——

1. 知识经验准备：请家长帮忙收集有关雷锋事迹的故事，并让幼儿了解。

2. 物质准备：录像、图片等，与小班教师协商好。

二、说教法与学法

1. 提问法。活动开始，我提出：谁知道雷锋叔叔是谁？他喜欢做什么事？你听过哪一些关于雷锋叔叔的故事呢？第一个问题就紧扣主题，让幼儿知道助人为乐是一件快乐的事。

2. 榜样示范法。这是整个活动中最重要的一种教法。雷锋的事迹被歌颂、被弘扬，开展《互相帮助》活动正好可以与弘扬雷锋精神相呼应。雷锋是一个正直、善良、助人为乐的榜样形象，以他来作为助人为乐精神的代表再合适不过了，利用雷锋这个优秀的榜样示范形象，引导幼儿向雷锋学习。

3. 电教法。本活动以播放录像的形式，直观地向幼儿展示社会上还有很多需要帮助的人与事，更能激发幼儿的互助意识和同情心。

4. 体验法。自己操作实践可以使幼儿获得最直接的经验和情感，所以我事先与小班老师协商好，组织我班幼儿到小班去帮小弟弟、小妹妹穿衣服、系鞋带，让幼儿体验到帮助别人的快乐。这种亲身实践的过程，比起教师生硬的灌输更具教育意义。

三、说活动过程

我采用"环环相扣，层层深入"的教学原则来组织本次活动，设计程序为——

（一）出示雷锋图片导入，激发幼儿兴趣

师提问：你们知道他是谁？雷锋最喜欢做什么事？

1. 请幼儿与同伴分享交流自己所知道的关于雷锋叔叔的故事。

2. 请个别幼儿讲述。

（设计意图：此环节通过出示直观图片和提问引入正题，重新唤起幼儿脑海中对雷锋叔叔的已有印象，再通过分享讲述提供思行畅言的交往机会，从而为活动的成功开展奠定基础）

（二）学习主动帮助他人，有同情心

1. 观看教师提供录像。

师：有很多小雷锋，他们也总在帮助有困难的人，我们一起来看看吧！

2. 师提问：如果你遇到了困难，没有人来帮助你，你会有什么感觉？

3. 师小结：我们要注意到别人的困难，向雷锋叔叔学习，也做一个助人为乐、有同情心的人。

（设计意图：观看录像的意图是让幼儿更加深切、直接地感受和了解雷锋，懂得雷锋精神的涵义，再通过提问把抽象的雷锋精神以生动形象的方式向幼儿展示，在幼儿的脑海里树立榜样示范作用）

（三）情境：我来帮助你，体验乐于助人的快乐

师：小班的小朋友年纪小，他们都还不会自己穿衣服、系鞋带，怎么办呢？嗯，我们一起去帮助他们吧！

1. 幼儿帮小班的小朋友穿衣服、系鞋带。

2. 师提问：你帮助了别人，心情是怎样的？

3. 师小结：帮助别人是一件很快乐的事，所以我们要学会互相帮助！

（设计意图：情景体验环节把活动推向一个高潮，让幼儿在理解雷锋精神的基础上，还能够自己亲身体验。幼儿的发展是在体验中获得的，让幼儿亲身去感受帮助别人的快乐，无形中在幼儿心中播下了善良的种子）

（四）延伸活动

在班级设立互相帮助专栏，对幼儿的良好行为加以宣传表扬，鼓励幼儿的互助行为。

（林艳红）

第四节 科学领域

《好玩的磁铁》说课稿

一、说教材

磁铁是幼儿现实生活中比较常见的东西，黑板上粘图的小磁铁，家里冰箱门上的磁铁等，幼儿经常会接触到；在孩子们的眼里，磁铁又是很神秘的东西，有着神奇的力量，磁铁能够吸铁的特性决定了它备受幼儿青睐。新《纲要》中提出：科学教育就是要贴近幼儿生活，选择幼儿感兴趣的事物和问题。《好玩的磁铁》可以让幼儿通过探究，内化磁铁吸铁的现象，满足幼儿的好奇心和求知欲，并让他们在活动中学会探索和发现问题。

活动目标：

中班幼儿喜欢观察、动手尝试，也愿意与人交流，根据其认知特点和实际发展水平，特制定如下适合幼儿最近发展区发展的三个目标——

1. 知识目标：感知磁铁吸铁的现象，知道磁铁具有吸铁的特性。

2. 能力目标：能够大胆地用语言表达探索的结果。

3. 情感目标：能积极参与探索活动，体验成功的快乐。

重难点：

结合《纲要》和幼儿已有生活经验，我将"感知磁铁吸铁的现象，知道磁铁具有吸铁的特性"确定为本次活动的重难点，让幼儿在游戏的情境中充分地感知、探究磁铁吸铁的现象，引发孩子探究磁铁的兴趣。

活动准备：

为了让幼儿能在探究中获得经验，并在活动中大胆表述、交流，教师遵循材料生活化的原则，为幼儿提供了充分的可供操作的材料，以及幼儿表达交流所需要的材料。

1. 魔术帽一个、"磁铁魔棒"、小篮子人手一个（贴上数字和幼儿衣服上的数字一致）、记录表、磁性黑板。

2. 创设草地场景，投放各种铁制和非铁制的材料（铁盒、硬币、回形针、铁勺子、螺丝钉、水彩笔、纸杯、牙刷、梳子、积木等）。

3. 教师用的非铁制的材料、磁铁魔棒。

二、说教法

科学活动并不是把现成的科学结论告诉幼儿，而是要"为幼儿的探究活动创造宽松的环境，让每个幼儿都有机会参与尝试"，让幼儿在做中学、在做中思考。《纲要》中明确指出：教师应成为幼儿学习活动的支持者、合作者、引导者。根据《纲要》精神和幼儿科学学习的特点，我采用的教法主要有——

1. 设疑猜想法。有目的地创设问题情境引发幼儿探究的兴趣。

2. 情境创设法。为幼儿创设草地的情境，让每个幼儿都能在真实的情境中积极投入到探究活动中去，激发幼儿探究的兴趣。

3. 观察指导法。针对幼儿在探究过程中出现的情况，采取随机指导，适当调控活动的进程与节奏。

4. 表格归纳法。利用大记录表，一边粘磁铁、一边粘透明胶，通过"能被磁铁吸住东西"和"不能被磁铁吸住东西"的验证，直观地帮助幼儿归纳提升。

三、说学法

本次活动以幼儿为主体，创造条件让幼儿积极主动地在与环境、材料、教师、同伴的交互作用中，去发现、思考、感知、表达；在探究过程中惊异科学，在探究过程中建构科学经验。本次活动采用的学法主要有——

1. 操作体验法。幼儿科学知识的获得是与环境交互作用的结果，幼儿的学习需要通过不断的探索来积累经验。因此，为了加深幼儿对磁铁特性的了解，我提供了大量的操作材料，让幼儿在亲历探究的过程中感知和体验。

2. 表达交流法。引导幼儿围绕"能被磁铁吸住和不能被磁铁吸住的东西"这一问题进行表达交流，给幼儿提供自由表达的机会，满足幼儿想说、敢说的愿望，以达到分享知识经验的目的。

四、说活动过程

活动过程的设计，应始终以目标为出发点和归宿，活动的每一环节都为实现目标而服务。活动的设计遵循科学活动的基本流程，通过设疑、猜想、探究、集中交流提升等环节支持幼儿有效建构磁铁吸铁的知识经验。

1. 观看"变魔术"，产生探究欲望。

活动开始，教师以魔法师会变魔术的身份出现，演示"魔法帽"，让幼儿惊异扔进去的回形针怎么不见了。而后揭秘"魔法帽"，引导幼儿发现里面藏着磁铁。然后以问题"磁铁会不会吸住所有的东西"让幼儿猜想，激发幼儿的探究欲望。

（设计意图：好奇心是幼儿的天性，求知欲是幼儿的本能。教师巧妙地设置问题情境，幼儿也就自然地被带入到情境中，产生想获得答案的强烈愿望）

2. 借助"磁铁魔棒"，探索发现磁铁能吸铁。

（1）出示"磁铁魔棒"，引发探究兴趣。

教师给每个小朋友准备了一根磁铁魔棒，让幼儿拿着磁铁魔棒和小篮子到草地上试试，看看哪些能和磁铁魔棒吸在一起，哪些不能。把能和磁铁魔棒吸在一起的东西装在小篮子里。

（2）幼儿自由操作探索，教师边观察幼儿操作，边及时地提出问题进行引导。

（设计意图：新《纲要》指出，要为幼儿的探究活动创造宽松的环境；提供丰富的可操作的材料，为每个幼儿都能运用多种感官、多种方式进行探索提供条件。本环节教师将情景游戏和科学知识有机结合，做到活动游戏化，使幼儿在玩的过程中，学会探索和发现，兴趣浓厚，参与度高，能有效解决重难点）

3. 分享交流，通过大记录表提升经验。

（1）幼儿相互交流。让幼儿和同伴说说自己的发现，然后把手上的小篮放在桌上，为教师集中交流时的提问做准备。

（2）师幼共同交流、记录。请个别幼儿向大家介绍自己的发现：哪些东西能被"磁铁魔棒"吸住。教师根据幼儿的介绍，将能被磁铁吸住和不能被磁铁吸住的材料分类展示在记录表上。特别是教师可发现小篮中有问题的材料，利用小篮上的号数与幼儿身上号数的匹配情况，进行有针对性的提问。

（3）教师小结：磁铁能吸铁做的东西，不是铁做的东西不能被磁铁吸住。

（设计意图：新《纲要》强调，在科学活动中要让幼儿学习用多种方式表现、交流、分享探索的过程和结果，让幼儿用语言表达出自己的探索过程和结果，增进幼儿的语言表达能力和交流能力。幼儿在自由探索中获得的知识是零碎的，还需要教师帮助把他们获取的经验进行整理；同时，考虑中班上期幼儿的记录水平较差，而且兴趣点在用磁铁吸东西，个人记录的意义不大的情况，使用大记录表，直观地帮助幼儿归纳提升，更好地促进目标的达成）

4. 活动延伸：引发幼儿继续感知、探索磁铁的特性。

（1）继续用"魔棒"寻找生活中的铁制品。

（2）在日常生活中，寻找磁铁在生活中的运用，继续感知磁铁能吸铁的特性。

（3）在后续的教学中，继续探索磁铁的其他特性，如磁铁同极相吸、异极相斥的特性等。

（设计意图：《纲要》提出，要"引导幼儿对身边常见的事物和现象的特点、变化规律产生兴趣和探索欲望"。本次活动的内容源于生活，满足了幼儿的需要；活动延伸让幼儿继续探索，将学到的知识、经验运用于生活）

（郑碧霞）

《认识椭圆形》说课稿

一、说教材

几何形体教育是幼儿数学教育的重要内容。幼儿学习一些几何形体的简单知识，能帮助他们对客观世界中形形色色的物体做出辨认和区分，发展他们的空间知觉能力与初步的空间想象力。在小班教育的基础上，中班幼儿认识平面图形的能力进一步发展，已经认识了圆形、三角形、正方形、长方形，他们能理解平面图形的基本特征，能对相似的平面图形进行比较。本着循序渐进的原则，在此基础上认识椭圆形，对中班幼儿来说既是一个学习的过程也是一个提高的过程。因为椭圆形的形状特征与圆形较为相似，因此中班幼儿认识椭圆形不仅要了解椭圆形的形状特征，还要能比较椭圆形与圆形的不同。

二、说活动目标

基于活动内容的特殊性，结合中班幼儿的年龄特点和认知特点，我把本次活动的目标定为——

1. 了解椭圆形的形状特征，知道椭圆形的名称。
2. 能比较椭圆形和圆形的不同，能用语言进行描述。
3. 能从生活中找出与椭圆形相似的物品。

三、说重难点

要认识椭圆形首先要知道椭圆形的名称，了解其基本形状特征，所以我将本次活动的重点定为：了解椭圆形的形状特征，知道椭圆形的名称。中班幼儿已经具备一定的比较能力和语言表达能力，而用多种方法比较椭圆形与圆形的不同，并且用语言表达出来，对于中班幼儿来说是具有挑战性的，因此我将本次活动的难点定为比较椭圆形和圆形的不同，能用语言进行描述。

四、说活动准备

为了更好地开展本次活动和突破重难点，我做了以下准备。首先是知识经验的准备，利用散步时间引导幼儿观察、寻找环境中像椭圆形的物体，如花瓣、树叶等。这样能让幼儿对于椭圆形有一个感性的经验。在活动前复习圆形、三角形、正方形、长方形的基本特征。复习图形的边角关系有助于幼儿更好地认识椭圆形的形状特征：只有边、没有角。其次是物质上的准备，如师幼共同在活动前收集各种椭圆形的物品（肥皂、镜子、盘子、树叶等），以及丰富的教具和学具。

五、说教学方法

1. 情景法。为幼儿创设一个具体、生动、形象的学习情景，能让幼儿在具体情境的连续不断的启发下有效地进行学习。以图形王国的情景导入，能激发幼儿参与活动的兴趣。

2. 观察法。观察是幼儿认知活动中比较重要的学习方式，在活动中我充分让幼儿观察、感知椭圆形的特征，区分比较椭圆形和圆形的不同。

3. 操作法。动手操作能引起大脑的积极思维，幼儿动手用重叠的方法和测量折痕的方法比较椭圆形和圆形的不同，在亲自动手操作过程中的感知发现更加具体深刻。

4. 游戏法。与生活相连、与活动内容相关的游戏是激发幼儿学习、提高活动质量的有效途径。椭圆形宝宝捉迷藏游戏，让幼儿寻找教室中的椭圆形物品，让幼儿在游戏中巩固提高。

六、说活动过程

在活动中，通过看一看、比一比、说一说、折一折、量一量等多种形式，充分调动幼儿的各种感官，让幼儿积极动眼、动耳、动手、动脑，在操作、探索、比较、体验中学习新知。为了达到预期教学目标，我对整个活动过程进行了系统的规划，设计了层层递进的三个教学程序：创设情境，引入新知识；观察操作，探索新知识；巩固强化，完善新知识。

（一）创设情境，引入新知识

首先以图形王国的形式导入，让幼儿在有趣的情境中复习已学过的图形。接着导入椭圆形，引导幼儿说一说椭圆形和哪个图形相似，让幼儿在观察比较的过程中了解椭圆形的基本形状特征。

提问：椭圆形宝宝长得像哪个图形宝宝？为什么？

（设计意图：本环节通过具体、生动、形象的学习情景，激发幼儿参与活动与探索新知识的兴趣和愿望）

（二）观察操作，探索新知识

1. 引导幼儿用重叠比较的方法发现椭圆形和圆形的不同。让幼儿在实际动手操作中直观地感知椭圆形与圆形外形的不同。

2. 引导幼儿用测量中心折痕的方法深入比较椭圆形和圆形的不同。鼓励幼儿将自己的测量结果记录下来，并与同伴互相交流，让幼儿在分享测量结果的过程中感知椭圆形和圆形的不同。

3. 小结：圆形的两条中心折痕一样长，椭圆形的两条中心折痕不一样长。

（设计意图：本环节意在通过多种方法让幼儿充分动手、动眼、动脑、动嘴，提供给幼儿一种自我探索、自我思考、自我表现的机会）

（三）巩固强化，完善新知识

1. 游戏——椭圆形宝宝捉迷藏。引导幼儿将活动室中摆放的类似椭圆形的物品找出来，并与同伴相互交流找到的物品。

2. 分组操作。根据本班幼儿能力差异投放 3 种不同难易程度的材料，让幼儿在与适宜材料充分互动的过程中巩固强化新知识。

（1）图形涂色。分辨练习纸上的椭圆形和圆形，给椭圆形和圆形涂上不同的颜色。

（2）看图形计数。在图形组合图中分别数出椭圆形和圆形各有多少个，将相对应的图形数量连起来。

（3）图形分类。将不同形状的图形进行分类。

（设计意图：与生活相连、与活动内容相关的游戏是激发幼儿学习、提高活动质量的有效途径，让幼儿在有趣的游戏中与丰富的分组材料中，能进一步巩固对椭圆形的认识）

（四）活动延伸——回家后继续寻找生活中的椭圆形

（设计意图：教育的意义在于改造生活，教育只有和生活结合才能成为教育）

（刘靓）

《糖怎么不见了》说课稿

一、说设计意图

《新纲要》中指出，科学教育应密切联系幼儿的实际生活进行，利用身边的事物与现象作为科学探索的对象。水是日常生活中不可缺少的，每个人每天都离不开它，正因为水与生活密切相关，小朋友很早就接触并认识了它，可以说，幼儿天生就爱玩水，在玩水的过程中，发现了很多有趣而又新奇的现象。通过观察，我发现中班幼儿在自发的日常生活观察中对糖在水里的溶解现象有一定的感知经验，但这些经验是孤立和零散的，缺乏联系和组织。结合中班幼儿思维的具体性和形象性，让幼儿积累更多的科学经验是比较合适的。因此，我选择了物体在水中的"溶解"现象，作为中班幼儿科学教育的内容，目的在于梳理和完善幼儿关于"溶解"这一认知经验，将活动所获得的科学经验和已有经验相联系，丰富拓展幼儿对水的溶解现象的科学经验。并且通过科学实验操作以及记录让幼儿掌握一些科学操作技能。

二、说活动目标

新《纲要》中指出：目标要注重全面性，要为幼儿一生的发展打好基础。结合中班幼儿的年龄特点和实际情况，我从认知、能力、情感三方面确定了本次活动的目标，具体表述如下。

1. 初步了解物质的溶解现象,知道有些物质会溶解于水,有些物质不能溶解于水。

2. 自己动手尝试实验操作,会用记录的方式记录物质是否溶于水。

3. 愿意积极地参加水的溶解实验,对探索水的溶解现象感兴趣。

活动重难点:

根据目标,我把这次活动的重点定为:幼儿通过实验操作观察、对比,了解物质的溶解现象。难点是:能用记录的方式记录实验结果,进行实验操作验证猜想。

三、说活动准备

本次活动,我主要做了以下几方面的准备。

1. 经验准备。

幼儿:幼儿知道水是无色透明的,在生活中有喝过各种饮料、牛奶,对水的溶解这一现象有初步的感知经验。

教师:教师通过书籍和网络以及亲自实验操作,对水的溶解这一常识有一个比较系统的了解。

2. 物质准备。

根据《纲要》中指出的"提供丰富的可操作的材料,为每个幼儿都能运用多种感官、多种方式进行探索提供活动的条件",我做了如下物质准备——

(1)各种操作材料。为了让每个幼儿都能参与实验探索过程,我选择人手四个透明玻璃杯、小勺、筷子,每人的实验材料都有盐、奶粉、沙子、绿豆。这四种实验材料幼儿平时接触比较多,对他们都比较熟悉,积累了一定的感性经验,便于幼儿根据经验进行猜想实验。

(2)记录材料:水的溶解记录卡、记录笔。记录卡的设计见附图。我将实验材料用胶水黏贴到材料这一列,更直观地让幼儿知道这几种材料,便于记录。我分为两次记录。第一次是幼儿的猜想记录,第二次是幼儿实验结果的记录。中间一列体现的是幼儿验证猜想这一过程,如果实验结果和猜想不一样,则在这里画上三角形。"溶解"的标记是一个圈,"不会溶解"标记为一个叉。

四、说教法学法

说教法：

新《纲要》中指出，教师应成为幼儿学习活动的支持者、合作者、引导者，关注幼儿在活动中的表现和反应，敏感地察觉他们的需要，及时以适当的方式应答，形成合作探究式的师生互动。因此，我采用了以下教法。

1. 观察指导法。针对科学探索活动的随机性，以及幼儿的自主建构过程，采取观察指导法是比较合适的。教师通过敏锐地观察，能针对性地进行指导，还能在观察中发现幼儿感兴趣的事情以及其中所隐含的教育价值，把握时机，积极引导。

2. 讲解演示法。结合中班幼儿思维的具体形象性特征，对于此活动中使用的记录卡，教师的演示是有必要的。教师的讲解演示，可以让幼儿直接了解记录卡的使用方法，减少幼儿盲目探索的可能性。对于实验操作的步骤和注意事项，通过教师的边讲解边示范，幼儿更容易掌握，同时也减少了幼儿的无意注意。

说学法：

《纲要》中指出，要尽量创造条件让幼儿自己参加探究活动，使他们感受科学探究的过程和方法，体验发现的乐趣。因此，此次活动中，幼儿的具体学法有——

1. 操作法。这是此次活动中幼儿学习的主要方法。我为幼儿准备了各种丰富的、可操作的材料，让幼儿在操作的过程中，发现物体溶解的秘密。

2. 记录法。让幼儿将探索结果记录下来，可以避免遗忘，便于幼儿进行比较，为幼儿的讨论、交流活动提供依据。记录其实也是幼儿对实验结果的一种表达，一方面能让幼儿掌握记录的操作技能，另一方面能帮助幼儿梳理实验经验。

3. 体验交流法。在探索活动结束后，教师组织幼儿进行探讨、交流，发展幼儿的语言表达能力，也体现了师生互动，幼儿与幼儿的互动。

五、说活动过程

本次活动属于实验操作性活动，根据中班幼儿的年龄特点，结合本次活动的目标，我主要采用了"猜想——实验——验证——交流"的模式，这种模式体现的是一种新的科学观：科学的内涵不仅是一种知识，同时也是一种获取知识的过程和方法。幼儿通过亲自实验来验证自己的猜想，更容易意识到假象与事实之间的差别，更容易形成尊重事实的科学态度。我设计的具体活动过程如下：

1. 教师示范实验，激发幼儿的兴趣。

活动一开始，教师以要做小实验激发幼儿的兴趣。首先，教师出示白砂糖，让幼儿认识白砂糖。然后边讲解边示范，向幼儿演示将糖放进水中的过程，并让幼儿观察糖在水中的溶解过程，最后发现糖在水中不见了。这时教师引出"溶解"一词，说明这种糖放进水中不见了的现象叫做"溶解"。这一环节我主要采用讲解演示法，让幼儿通过直观的观察感知"溶解"这一现象，从而导入本次活动主题。

2. 认识实验材料，并猜想材料是否会溶解于水，将猜想记录在记录卡上。

在这一环节，我先依次出示各种实验材料，让幼儿观察认识这些材料，然后引导幼儿根据生活经验猜想这些材料是否会溶解于水，并把猜想的结果记录在记录单上。据我观察，中班幼儿对于记录表的使用方法经验不足，对于他们来说，用记录表记录是一个难点，所以我采用讲解演示的方法让幼儿能够直观地认识记录卡的使用方法以及"溶解"、"不会溶解"的标记，为操作记录做好准备。

通过猜想并记录这一环节，教师为幼儿设置了悬念，目的是把幼儿的好奇心调动起来，为后面的实验探索和验证奠定基础。

3. 幼儿实验操作，验证猜想，并把结果记录在记录单上。

这一环节的亲自动手实验操作是本次活动的重点。我为幼儿的实验探究活动创造宽松的环境，让每个幼儿都有机会参与实验操作过程。给幼儿提供丰富的、可操作性的材料，并通过间接指导和个别引导的方法，引导幼儿自主探究，提高幼儿自主探究、动手动脑的能力。

通过记录，幼儿对各种材料在水中是溶解还是不溶解更加清晰明了。而通过实验验证猜想不仅让幼儿亲历了科学知识的获取过程，更渗透了一种科学价值观：在事实面前，每个人都得平等地接受检验。同时验证猜想结果，也为后面的总结交流活动提供了依据。

4. 集体分享交流实验结果。

在这一环节，我采用集体交流的方式，让幼儿尽情地表达。我主要让幼儿表达三个内容：一是让幼儿说一说实验的操作过程和发现；二是实验结果和猜想是不是一样的；最后教师和幼儿一起总结这里提供的哪些材料能溶解于水，哪些材料不能溶解于水。这一环节主要是完整地梳理幼儿的实验经验，也为幼儿提供自由表达的舞台，从而发展幼儿的表达能力，拓展幼儿的思维。

5. 引导幼儿根据生活经验，说出其他可以溶解于水的物质。

这一环节主要目的在于迁移幼儿生活经验，拓展幼儿的思维，提升幼儿的经验。

6. 教师操作示范，让幼儿初步感知饱和现象。

这一环节，我通过操作示范的方法，主要让幼儿初步感知饱和这种现象，知道"增加糖的量，而水的量不增加，有些糖不会溶解在水中"。最后我通过设问"想一想、试一试用什么办法能让糖继续溶解在水中"，让幼儿带着问题结束本次活动。

六、说活动延伸

对于饱和这一现象，在这个活动中，我只是让幼儿有个初步的感知。受时间的限制，要想让幼儿更多地了解饱和这一现象，我准备在延伸活动中进行。所以在本次活动结束，我通过设问"想一想、试一试能用什么办法让糖继续溶解在水里"，使幼儿的兴趣继续持续下去。我会在区域活动中继续投放各种实验操作材料，让幼儿继续通过实验操作验证想出的办法，让幼儿将探索精神继续带到今后的生活中。

（肖曦）

第五节　艺术领域

《打蚊子》说课稿

一、说教材

中班幼儿的生活经验没有受太多社会的影响而定型，他们对音乐具有天然的创造性。奥尔夫音乐《洗澡歌》结构鲜明、生动形象、节奏欢快，有很强的吸引力，很容易激起幼儿用动作表现的欲望。为了使幼儿能够更加深刻地感受乐曲，活动中我还利用图片、动作、故事、合作游戏等，让孩子们更形象地感知和表现音乐。

二、说活动目标

1. 感知音乐中的长音与重音，并能在听辨中主动运用图谱动作表现音乐。

2. 乐意参与游戏，体验音乐带来的快乐。

三、说活动准备

知识经验：活动前丰富小蚊子的相关知识。

物质准备：音乐图谱、"蚊子"图片、录有音乐的 U 盘。

四、说教学法

奥尔夫说过："让孩子自己去找，自己去创造音乐，是最重要的。"要把音乐、舞蹈、动作、语言等紧密结合在一起，让孩子们置身于"记"的过程中去感知音乐的内涵，去产生人与人之间在情感上的沟通和联系，在"玩"

中增强合作意识和在群体中的协调能力，呈现一种开放性、创造性。

我还采用了欣赏法、谈话法、表演体验法等学法，用听、说、看、动等多种形式体验音乐，交流互动，让幼儿在轻松、愉快的环境中学习，充分体现了"以幼儿发展为本"的理念。为了使活动更加直观、生动、有趣，达到教学目标，突破重难点，我还准备了多媒体课件。

五、说活动过程

1. 第一遍欣赏乐曲，感受旋律。

（1）师：森林里正举行一场很大的音乐会，当大家都陶醉在美妙的音乐中时，突然出现了一群蚊子来捣乱。我们一起来听一听。

（2）"音乐里有没有小蚊子出来叮人？你从哪里听出来的？"

2. 第二遍欣赏音乐，进一步听辨长音与重音。

教师小结：刚才，音乐里发出长长的声音，好像蚊子飞来飞去的样子，我们叫它"长音"。好像蚊子在叮你的样子，发出重重"叮"的声音，我们叫它"重音"。

3. 再次欣赏音乐，初步感受乐曲的结构。

（1）教师运用音乐图谱，结合动作提示感受音乐的变化。

（2）教师哼唱，让幼儿跟着做动作，听完后提问："想想蚊子飞来飞去时间会不会一样长？你们觉得花的时间一样吗？"

（3）播放音乐，师幼共同表演。

4. 小游戏：打蚊子。

播放音乐，幼儿人手一份图谱，上面画有和音乐中重音出现次数相等数量的蚊子，当幼儿听到音乐中的一个重音时，就盖上去一只蚊子，依此类推。

5. 再次欣赏乐曲，鼓励幼儿大胆想象，用肢体动作表现音乐。

（1）提问：蚊子叮你了，怎么办？

师小结：刚才小朋友都说了，可以用电蚊香、电蚊拍、抹宝宝金水等办法，蚊子就不会来叮你了。

（2）教师随音乐表演打"蚊子"的场景。

提问：音乐里"叮"的时候，老师在干嘛？

（3）教师鼓励幼儿想象，结合自身肢体动作，拍打不同的部位。

师：蚊子可狡猾了，它可不会一直叮你身上的一个地方，我们要及时发现它，把它消灭掉。

（3）教师：记住音乐里发出"叮"的时候，我们就要干嘛？（打蚊子。）如果太迟蚊子就会飞走。今天，来了许多蚊子，有的蚊子叮你这里，有的蚊子叮你那里。它可狡猾了，不会一直叮一个地方。我们要看准了。

幼儿跟随音乐，当听到"叮"时做打蚊子动作。

6. 结束部分。

师：蚊子真是可恶的家伙，不过小朋友都是"打蚊子"高手。蚊子都不敢来我们班了。走，我们去外面瞧瞧，看到蚊子我们就消灭它。

（程丽辉）

《小乌鸦爱妈妈》说课稿

一、教材分析

音乐欣赏可以发展幼儿的欣赏能力和审美能力，开阔幼儿的音乐视野，丰富幼儿欣赏音乐的经验，萌发幼儿初步的感受美和表现美的情趣，因此，给幼儿欣赏的音乐作品，应该考虑音乐对幼儿的可感性、可接纳性。《小乌鸦爱妈妈》是以动物为题材的歌曲，讲述了妈妈年纪大了，飞不动了，懂事的小乌鸦找虫子喂妈妈的故事情节，表现小乌鸦爱妈妈，不忘母亲养育之恩的情感。本次活动以"情"的渲染和体验为主线，通过"看"、"说"、"听"、"演"等多种音乐实践活动，让幼儿充分感受母爱的温馨，体验妈妈无私的关怀，萌发爱妈妈的情感，让幼儿感受到歌曲中美好的意境及美的体验。

活动目标：

中班幼儿的思维方式以具体形象思维为主，对音乐形象与情感的感知必须借助于多种感官，因此，结合幼儿学习经验与年龄特点，教学活动目标确定如下。

1. 知识目标：感知歌曲的三段式结构，理解每段歌曲中所表达的不同情感和意义，学习用肢体语言表达，在歌曲表演中获得愉快的情绪体验。

2. 能力目标：感受歌曲优美的旋律，激发幼儿在尝试活动中提高对音乐欣赏的兴趣。

3. 情感目标：萌发爱妈妈的情感，学习表达对妈妈的爱。

重点、难点：

情感是音乐的核心问题，让幼儿理解每段歌曲中所表达的不同情感和意义，感受歌曲优美的旋律并萌发热爱母亲的情感，表达自己的内心情感，是本次活动的重难点。

活动准备：

1. 经验准备：

（1）通过录像使幼儿认识乌鸦的外部特征，并知道它有反哺的习性。

（2）欣赏小乌鸦给妈妈喂食的课件。

（3）先请两位大班幼儿学会情境表演。

2. 物质准备：乌鸦头饰；大树一棵，树枝四条；音乐磁带，录音机。

二、说教法

著名的美国音乐教育家雷默曾说过："音乐的感受是教不会的，教师的责任只需搭个桥，引导孩子们走进音乐里面即可。"因此，在活动中，我以"己"情动"他"情，在激发幼儿参与音乐欣赏兴趣的同时，运用谈话法、提问法、演示法等多种教法，去感染、打动幼儿，使自己的情感表达与幼儿发生共鸣。

1. 谈话法。语言是引导幼儿欣赏音乐的重要手段，在欣赏音乐的过程中，教师利用简短、明确的语言与幼儿进行沟通、交流，同时渗透爱妈妈的情感教育。

2. 演示法。利用课件，将乌鸦反哺生活习性直观地演示给幼儿。教师声情并茂地讲述故事，使幼儿有意注意，驱使他们浮想联翩，使幼儿容易理解。

3. 提问法。提问是教师引导幼儿观察事物，启发幼儿积极思维的手段。根据中班幼儿的智力和知识发展水平，教师借助提问，引导幼儿将观察到的动作有组织地讲述，这样幼儿容易接受，又能理解作品的核心价值。

4. 情境教学法。这不仅符合幼儿年龄特点，还能使他们在愉快心情下主动学习，进入一个特定的学习情境中，让幼儿安静、专注地看着、听着，体验作品的情感。

三、说学法

本次活动我以"教师为主导，学生为主体"教学理论为指导思想，注意启发、引导幼儿去探索、尝试体验和感受歌曲的主题，让幼儿从中知道爱不仅仅是索取和获得，还应该理解别人的爱，懂得付出和奉献。

1. 观看法。让幼儿通过观看录像，了解乌鸦的生活习性，不但有身临其境的感受，而且能激起情感的共鸣，从中体验到和妈妈之间默契的爱。

2. 合作交流法。给予幼儿充分自主探究、交流的空间，以小乌鸦角色扮演表现自己的音乐体验，并与同伴一起分享这种体验，提高对音乐欣赏的兴趣。

3. 聆听法。音乐是一门倾听的艺术，只有通过反复倾听，幼儿才能感知歌曲的三段式结构，理解每段歌曲中所表达的不同情感和意义，从中获得愉快的情绪体验。

四、说活动过程

（一）创设情景，激发兴趣

1. 听音游戏。

2. 节奏练习《十个宝》。

3. 教师讲述故事，帮助幼儿理解故事内容。

提问：乌鸦妈妈怎么了，小乌鸦又到哪儿去了呢？让我们来听歌曲，听完后说说你有什么感受。

（设计意图：兴趣就是主动性，以提问导趣，不仅调动幼儿参与活动的兴

趣，同时为下面学唱歌曲做准备）

（二）欣赏、讲述、学唱歌曲

1. 完整欣赏《小乌鸦爱妈妈》，了解歌曲内容。

提问：歌曲听上去感觉怎样？歌曲里讲了谁？你喜欢小乌鸦吗？为什么？

2. 利用多媒体课件，让幼儿完整欣赏歌曲，鼓励幼儿大胆想象，引导幼儿尝试用语言或动作，描述听了音乐后的初步感受。

（1）幼儿讲述最喜欢音乐中的哪一句，为什么？

（2）小乌鸦是怎样关心自己的妈妈的？

（3）小乌鸦喂妈妈吃虫子的时候，妈妈怎么了？

幼儿想象讨论：这时候妈妈会对小乌鸦说些什么呢？小乌鸦又会对妈妈说些什么呢？

（设计意图：这一环节教师通过多提一些开放性的问题，充分发挥幼儿的思维能力，激发热爱、尊重妈妈的情感）

（三）分段欣赏乐曲，理解乐曲的结构性质，情感内容

1. 欣赏第一段音乐（优美、抒情的）。

提问：听了这段音乐，你感觉如何？你好像看到了什么？（用动作表演出来）

小结：这段音乐优美抒情，好像看到小乌鸦和乌鸦妈妈在树林里幸福快乐地生活。

2. 欣赏第二段音乐（舒缓、比较慢）。

提问：这段音乐平稳、低沉，讲的是妈妈年纪大了，小乌鸦喂妈妈吃虫子，用什么样的声音表现比较合适？

3. 欣赏第三段音乐（稍微快速的，赞美的）。

提问：这段音乐听了后有什么感觉，我们用动作把好像看到的表演出来。

小结：这段音乐欢快活泼，夸奖小乌鸦尊重妈妈，用什么样的声音表现呢？

（设计意图：音乐作品中所蕴含的情感有时幼儿难以体会，因此教师首先要给幼儿创造良好的氛围，让他们有欣赏音乐的兴趣和愿望，其次通过恰当

的引导，帮助幼儿获得积极体验的能力。通过多次倾听欣赏，幼儿的情感就会自然而然地表现出来，从中得到情感的体验，并受到教育）

（四）分角色表演唱

1. 教师扮演妈妈，大班幼儿带领中班幼儿扮演小乌鸦，在音乐的伴奏下表演。

2. 幼儿自己结伴表演，自然结束。

（设计意图：游戏是帮助幼儿感受音乐的媒介，幼儿喜欢一边做动作一边歌唱。针对这一特点，我让幼儿大胆发挥想象力和创造力，通过模仿及创编，大胆表现自己的情感和体验，这样不仅能加深对歌词的记忆，更加萌发爱妈妈的情感）

（五）活动延伸

在后续的音乐欣赏过程中，学会用节奏说话，练习使用打击乐器，表现乐曲的内容和情感。

（设计意图：幼儿教育要充分利用幼儿生活经验、生命体验，运用多姿多彩的教学形式激发幼儿感受音乐，表现音乐的情趣，丰富幼儿的心灵，促进幼儿身心和谐地发展）

（阮芬华）

《伦敦桥》说课稿

一、教材分析

《伦敦桥》是一首 4/4 拍的英国儿歌，全曲共 4 小节旋律，虽然配有五段歌词，但旋律与歌词都重复较多，十分简单。根据童趣盎然的歌词，我将《伦敦桥》歌曲设计成游戏活动，利用图片、视频，以游戏形式贯穿始终，让幼儿运用已有的经验，用自己喜爱的肢体语言为歌曲创编"船"和"桥"的造型，随着音乐边唱边玩游戏。通过创编动作游戏，让幼儿对歌唱充满兴趣，体验成功的喜悦，提高幼儿的创造力。

活动目标：

活动目标是教育活动的起点和归宿，对活动起着导向作用。中班下学期的幼儿在探究、观察、分析、创造能力方面有了一定的发展，本次活动我确立情感、能力、认知三方面的活动目标。

1. 知识目标：随音乐边唱边玩游戏，进一步感受和表现歌曲的开始和结束。

2. 能力目标：运用已有经验，尝试创编不同的"船"和"桥洞"的造型；尝试两人及两人以上的更复杂的身体合作造型。

3. 情感目标：通过活动，体验参与游戏的乐趣，以及运用有效方法在歌曲最后一个音处准确躲避或扣住"船"的成就感，体验成功的喜悦。

重点、难点：

根据《纲要》精神，我将本次韵律活动中尝试创编不同的"船"和"桥洞"的造型定为本次活动的重难点，在幼儿已有经验的基础上，引导幼儿通过肢体动作来变化造型，鼓励幼儿大胆创新。

活动准备：

1. 经验准备：请家长收集有关大桥的图片及资料，让幼儿了解大桥的形态和结构；根据幼儿收集信息及有关资料，与同伴交流，提高幼儿认知水平。

2. 物质准备：音乐磁带或 CD；视频一组，大桥图片。

二、说教法

在本次活动中，我尊重每个幼儿的想法，肯定和接纳他们独特的审美感受和表现方式，分享他们创造的快乐，主要采取以下教法。

1. 直观演示法。在引导幼儿回忆生活中看到的大桥和船的基础上，通过课件、图片将大桥和船的造型直观地展示在幼儿面前，让幼儿尝试用不同的动作表现大桥和船的造型，给幼儿充分的自由展现的空间。

2. 整体教唱法。整体教唱法是把歌曲作为一个完整的形象呈现在幼儿面前，让幼儿容易进入歌曲特定意境，引起幼儿对音乐的整体感受。

3. 情境创设法。这首歌曲属于韵律活动，具有游戏性，因此我在教学活动中创设游戏情境，让幼儿沉浸在音乐游戏和肢体表达的快乐中，在创编动作参与歌曲表现的过程中，幼儿很快学会歌曲，极大地提高了幼儿创新思维和音乐审美能力。

此外，我还适当采用讨论法、激励法等，注意发挥音乐作品的情感教育功能，重视幼儿活动过程中的情感体验和态度倾向。

三、说学法

在教学活动中为幼儿提供自由表达的机会，尊重幼儿富有个性的表达，并引导幼儿与同伴相互欣赏和交流，使幼儿的音乐学习过程充满愉悦与成功。

1. 观察操作法。引导幼儿通过观看大桥和船的课件、图片，发现大桥和船的不同造型，获取初步的直观经验，尝试用不同动作表现船的造型。

2. 自由讨论法。利用"小船"造型这一问题，让幼儿展开自由讨论，发挥自己的想像，感受和表现歌曲的开始和结束，进一步提高音乐审美能力。

3. 多种感官参与法。《纲要》中明确指出，幼儿能用多种感官动手、动脑，探究问题，用适当的方式表达交流探索的过程和结果。本次活动中，我让幼儿通过看、说、唱、玩等形式调动眼、耳、口、肢体等多种感官，体验音乐。

四、说活动过程

整个活动在充分考虑幼儿学习需要的前提下，设计和组织活动程序，使各个环节环环相扣，具体流程为：激发兴趣—学唱《伦敦桥》—游戏，让幼儿始终处于快乐学习的状态。

（一）迁移经验，激发兴趣

活动一开始，播放大桥视频资料，展示大桥图片，让幼儿回忆关于船的经验，尝试用不同的动作表现船的造型，为下一个环节打好基础。

提问："小朋友们，你见过哪些船，它的形状是怎样的？你能用动作表现出来吗？"

（二）启发诱导，学唱歌曲

1. 今天我们要认识一座新的桥，你们知道是什么桥吗？

2. 听歌曲，讨论：这首歌里唱了什么？它描述了什么事情？有趣吗？你觉得什么地方最有趣？

3. 教师分段分析歌词，请幼儿整体跟唱歌曲，逐步熟悉歌曲。

4. 教师演唱歌曲，引导幼儿随音乐做"小船"、"桥"造型，用肢体的动作表现对音乐的感受。

（三）引导示范体会乐趣

1. 教师邀请两名幼儿合作表现"桥洞"造型。

提问：你听见老师唱了什么？桥是什么样的？桥洞在哪里？

2. 其余幼儿演唱歌曲，教师指导"桥洞"在唱完歌曲最后一个音时，举起双手扣下，帮助幼儿理解游戏规则。

提问：唱到什么时候，"大桥"一下子就倒塌了？

（四）随完整音乐做游戏

1. 将幼儿分成两组，一组幼儿手拉手搭成"桥洞"，围成圆圈，其余幼儿做"小船"，一边唱歌一边四散穿过任意一座"桥洞"，唱歌唱到结束时，"桥洞"扣下，被扣住的"小船"退出场外。

提问："小船"有什么办法不被"大桥"压在下面？

2. 邀请部分幼儿两人一组创造性地表现"桥洞"四散站在场地中，其余幼儿做"小船"边唱歌边做游戏。

讨论："小船"唱到什么时候要准备逃离"桥洞"？否则就会怎样？

3. 教师增加"桥洞"数量，并让部分"桥洞"依次站在圈上，教师指导"小船"依次穿过所有的"桥洞"，被任意一个"桥洞"扣住时，扮演"小船"的幼儿要自觉退出场外。

（五）活动延伸

教师引导幼儿在游戏中感受和学习音乐，在音乐的感染中引起幼儿内心情感共鸣。

（张爱珠）

第四章 幼儿园大班说课稿选萃

第一节 健康领域

《好玩的圈》说课稿

一、说教材

教材分析：

圈是幼儿日常生活中较为常见的、熟悉的，又轻便、安全。利用圈的这些特性作为活动切入点，可让幼儿在玩中积极动脑，主动探索、体验圈的多种玩法，学习蹲走的动作技能。同时，也让幼儿体会到：只要肯动脑筋，日常生活中有许多物品，都能成为我们游戏的材料，而且一物多玩。

活动目标：

本次活动目标从情感、认知、能力三个方面进行定位。

1. 尝试圈的不同玩法。

2. 练习 3 人协调蹲走的基本动作，提高动作的协调性、灵敏性。

3. 体验团结协作的乐趣。

重难点：

本次活动的重点是：探索圈的各种玩法；难点是：学习 3 人圈套圈一个

跟着一个，协调向前蹲走。

活动准备：

律动操磁带、扩音器，幼儿人手一个圈，场地布置。

二、说教法

1. 讲解示范法。在学习蹲走动作技能时，让动作正确的幼儿进行示范，然后教师进行动作讲解，使之明确动作要领。

2. 情境创设法。教师在幼儿已有经验的基础上创设了"小鸡学走路"等情境，让幼儿用眼看、用嘴说、用动作表现，从而全身心地积极投入到活动中去，给幼儿充分的自由运动的空间。

3. 启发提问法。在探索圈的不同玩法时，教师问"你是怎么玩的"；在动作技能练习时，问"小鸡蹲走怎么才能走得又快又稳"，用启发性提问发散幼儿思维。

4. 观察指导法。此教学方法是针对幼儿在活动过程中出现的情况，教师采取随机指导的方法，适当调控活动的进程与节奏。

三、说学法

1. 探索法。提供幼儿自由探索和尽情发挥的自由运动空间，让每个幼儿都有机会参与尝试，比单调重复组织练习更符合幼儿天性。本次活动中，让幼儿自主地探索圈的玩法、尝试单人蹲走及 3 人圈套圈一个跟着一个协调向前蹲走动作技能，通过一次一次尝试和探索，让幼儿获得知识和技能。

2. 练习法。在本次活动中，采用了横向纵向递进式的练习方法，幼儿在教师不断提升的练习活动要求中，掌握动作要领。

3. 竞赛法。大班幼儿已有初步的竞争意识，并较注重结果，当动作练习到一定程度时，幼儿会失去兴趣，为了巩固提升动作技能掌握，设计了以组为单位的《小鸡捉虫子》竞赛游戏，有效地激发幼儿学习兴趣和积极性，同时还培养同伴间的合作性和集体荣誉感。

四、说活动过程

（一）引入活动，准备运动

准备运动是为基本部分的学习做好生理、心理上的准备，使幼儿身体各部分迅速进入运动状态。活动一开始，幼儿手持圈在节奏较强的音乐声中做圈操，情绪高涨，精神饱满，很快达到有效的热身效果。

（二）自由探索，动作练习

"幼儿只有借着自由才能产生一种敏感而独特的能力。"在本环节中，教师让幼儿通过自由探索玩圈和学习蹲走基本动作。

1. 自由探索玩圈。

（1）自由探索。这环节最重要的是进行一物多玩的探索活动。在幼儿热身运动完，情绪还很积极时，我便顺势设疑："圈还可以有哪些有趣的玩法?"我为他们提供充足的时间，引导他们想出多种玩法，互相观察和学习，创造出有锻炼价值的玩法。这样的安排不仅能培养幼儿的创造力、合作性，更能学习他人经验、能力。

（2）相互交流。让幼儿互相交流自己的玩法，围绕各自玩法进行集体反馈交流。这既让幼儿有机会表演自己的玩法，又可以看到别的幼儿的玩法。我根据幼儿玩法，对重点玩法进行示范，目的在于让幼儿在头脑中建立清晰的表象，为后面活动做好铺垫。

2. 学习蹲走基本动作。通过两个难度层次的递进，使幼儿在参与游戏的过程中不断尝试、不断练习，掌握蹲走的动作技能。

第一次尝试：单人蹲走。

趣味性的游戏可激发幼儿更好地掌握各种基本动作。首先教师讲解示范蹲走动作要领时，在枯燥的讲解中加入了游戏情景，如教师说："小鸡蹲走的姿势真有趣，我们把圈套在腰上，也来学一学吧。"接着让幼儿在学小鸡走路的多次练习中掌握蹲走的基本要领。因为有了情节，所以幼儿的学习非常积极，兴趣也非常高。

第二次尝试：3人协调一个跟着一个协调向前蹲走。

本活动环节增加了难度，主要是让幼儿探索并尝试与他人合作运动。本环节安排 4 次练习，有效地突破了难点。第一次，尝试三只小鸡把圈套在一起。第二次，三只小鸡把圈套在一起，练习走稳。第三次，让幼儿商量：三只小鸡同时先出哪只脚，才能走得又好又稳？第四次，教师以比赛的形式进行动作巩固。在教师不断提升的活动要求中，幼儿积极尝试练习，掌握动作要领。

（三）游戏巩固，体验乐趣

我设计竞赛游戏《小鸡捉虫子》，目的在于改变练习形式，增大活动的密度和强度，让幼儿有充分练习的机会，并有利于教师观察、了解幼儿的练习水平。大班幼儿已开始注重结果，组织竞赛符合他们的心理特点，还能培养幼儿良好的心理素质、合作性和集体荣誉感，掀起活动的高潮。活动中，我让幼儿分成 4 队，每队 3 人一组圈套圈，协调地一个跟着一个向前蹲走，通过钻山洞—过小桥—绕树桩—捉虫子障碍练习，为幼儿提供一个练习巩固的机会，有效完成目标要求。

（四）放松身体，结束活动

让幼儿在音乐声中放松身体，使幼儿身心从紧张的游戏环境中逐渐放松，并慢慢恢复平静。

（沈颖）

《做个守时的孩子》说课稿

一、教材分析

新学期刚刚开始，幼儿经过一个寒假的休息，重新回到了幼儿园。由于寒假没有合理地安排作息时间，许多孩子养成了早上赖床的习惯，不能按时到园，迟到现象比较严重。为了让孩子了解守时的重要性，养成有规律生活和按时作息的习惯，在开学第一周安排《做个守时的孩子》的健康教育活动具有很强的针对性。

活动目标：

大班幼儿已经具备了一定的生活经验和交流能力，根据《纲要》精神和教学内容，结合大班幼儿的实际发展水平，制定本次活动的目标。

1. 知识目标：知道守时的重要性，初步了解在哪些情况下要遵守时间观念，怎样有规律地生活，安排自己的作息时间。

2. 能力目标：养成有规律生活和按时作息的习惯。

3. 情感目标：增强幼儿守时的观念，共享游戏的快乐。

重点、难点：

结合《纲要》精神和幼儿已有的生活经验，我确定本次活动的重点是了解守时的重要性，难点是养成有规律生活和按时作息的习惯。

活动准备：

为了让孩子在活动中大胆表述、交流、分享自己的经验，首先要调动家长、孩子一起收集记录一日作息时间表，准备易于辨认钟点的时钟或幼儿看得懂的图表，以利于幼儿的讨论、交流、学习。

1. 经验准备：请家长帮助孩子观察并记录一日生活作息时间表。

2. 物质准备：幼儿活动操作配套材料《健康/社会·做个守时的好孩子》。

二、说教法

1. 讲述法。通过教师声情并茂地讲述故事《不守时的烦恼》，让幼儿懂得不守时会给自己和他人带来许多不方便和烦恼，明白要做个守时的孩子。

2. 分组讨论法。给幼儿提供自由表达的机会，满足幼儿想说、敢说的愿望，以达到分享知识经验的目的。幼儿在师生互动、同伴互动的过程中将自己获得的经验与同伴交流分享，使自己的认知能力得到进一步提高。

3. 游戏法。游戏是幼儿喜爱的活动，幼儿的学习主要是通过游戏的形式体验和获得的，采用游戏形式创设"小学生课间十分钟"的具体情境，让幼儿体验有规律按时作息的生活，养成守时的习惯。

三、说学法

1. 倾听法。倾听是一种艺术，也是一种技术。让幼儿在倾听教师声情并茂的故事讲述中了解小虎的烦恼是因为自己不守时造成的。

2. 交流讨论法。给予幼儿充分自主探究、交流的空间，围绕怎样做个守时的好孩子展开讨论，让幼儿在分享生活经验的过程中了解守时的重要性，学会有规律地生活、按时作息，养成守时的习惯。

3. 材料操作法。让幼儿通过看一看、说一说、连一连，在材料的操作中进一步了解守时的重要性，养成有规律生活和作息的习惯。

4. 情境体验法。在老师创设的"小学生课间 10 分钟"的情境中懂得了守时的重要性，养成有规律生活和按时作息的习惯，体验在规定的时间内自由活动的快乐。

四、说活动过程

活动过程设计从幼儿实际出发，符合幼儿的年龄特征以及身心发展特点，活动的结构按讲述故事—分组讨论—材料操作—模拟游戏—拓展延伸五个环节循序渐进地展开，让幼儿在活动中增长知识，体验交流讨论的畅快淋漓和自由游戏的无限乐趣。

（一）谈话导入，讲述故事

1. 孩子们，你们平时最喜欢听故事，今天老师给你们讲个有趣的故事好不好？

2. 教师声情并茂地讲述故事《不守时的烦恼》。

3. 提问：

（1）小虎从早上起床到晚上回家，遇到了哪些不开心的事？为什么会发生这些事？

（2）小虎不守时表现在哪里？

（设计意图：本环节教师充当了"主持人"的角色，通过讲述故事，将倾听故事的幼儿不知不觉地引入活动中，调动幼儿思维的参与状态，突出幼儿

在活动中的主体地位）

（二）分组活动，交流讨论

引导幼儿结合生活实际，分组交流讨论：怎样做个守时的好孩子？

1. 早上，上学时间到了，你会怎么做？

2. 吃饭的时间到了，小朋友们该怎么办呢？

3. 结合幼儿园一日生活作息时间，讨论什么时间该做什么事情。

（设计意图：本环节活动旨在让幼儿在已有生活经验的基础上展开讨论，在充分发表意见、充分交流思想的过程中迸射出智慧的火花，学会做个守时的好孩子，养成受益终身的好习惯）

（三）引导参与，操作材料

引导幼儿完成操作材料《做个守时的好孩子》。

1. 幼儿看看、说说图片的内容。

2. 按要求看图连线。

（设计意图：教师要让幼儿运用感官，亲自动手动脑去发现问题、解决问题。本环节通过让幼儿认真用眼看一看，踊跃动口说一说，积极动手连一连，调动幼儿多种感官参与到活动中，进一步了解守时的重要性，养成有规律生活和按时作息的习惯）

（四）模拟游戏

游戏："小学生课间 10 分钟"。

玩法：提供活动材料，让幼儿在规定的场地上自由活动。10 分钟后，教师发出信号，幼儿迅速收放材料并回到规定的地方，比比谁最守时。

（设计意图：本环节顺应幼儿的这种心理发展的需要，用游戏来教育幼儿，同时"小学生课间 10 分钟"的活动也为大班幼儿升入小学做好衔接准备）

（五）活动延伸

1. 请家长为幼儿合理安排一日作息时间，准备易于辨认钟点的时钟或幼儿能看懂的图表，引导幼儿结合一日生活知道什么时间该做什么事。

2. 请家长与教师密切配合，结合幼儿实际，针对性地向幼儿进行遵守作息时间的教育。

（设计意图：本环节的设计要积极争取家长的理解和支持，努力创设和利用环境，开展幼儿园和家庭相结合的教育，相互协调，相互补充，全方位促进幼儿的身心健康发展）

（张爱珠）

第二节　语言领域

《风姐姐来了》说课稿

一、说教材

（一）教材分析

《风姐姐来了》是一篇充满童趣的儿童散文。它以风为线索，反复使用"风姐姐来了"为段首，构成排比段，真实有趣的内容，变无形为有形，赋无情于真情。整篇散文字里行间洋溢着浓浓的童真童趣，抒发了对风姐姐的喜爱之情。整本书的画面，统一在温暖、柔和的色调中，营造了一个非常温馨的气氛，给人活泼、亲近、依偎的感觉。

本次活动为本课的第一课时。教师力求活动设计贴近幼儿的生活、贴近实际，以幼儿的主体活动作为教学活动的中心，力求通过欣赏阅读，让幼儿在主动积极的思维和情感活动中，加深理解和体验，有所感悟和思考，受到情感熏陶，获得思想启迪，享受审美乐趣。

（二）活动目标

我根据教材内容、大班幼儿的年龄特点，从认知、能力、情感态度三个维度出发，确立了本次活动的目标。

1. 仔细观察画面，初步理解绘本内容。

2. 感受理解散文的意境美并大胆表达自己的理解。

3. 尝试与同伴分享自己认识的汉字。

4. 感受风的神奇，激发热爱大自然的情感。

（三）重难点

我把仔细观察画面，初步理解绘本内容作为本次活动的重难点。

（四）活动准备

为了更好地完成教学任务，我为幼儿准备了绘本，精心制作了多媒体课件，利用多媒体课件生动、形象、操作方便的作用来提高阅读活动的有效性。

1. 师：风姐姐手偶、课件、教学大书《风姐姐来了》。

2. 幼：字卡、树。

二、说教法

本次活动中，我根据大班幼儿的认知水平、实际情况和绘本阅读的特点，由始至终贯穿了直观演示法，通过直接刺激幼儿的视听器官，使教学进行得生动活泼，并通过多样性开放式的提问，引导幼儿有目的观察，激发幼儿说的兴趣，拓展幼儿说的空间。

活动中，我还运用了猜测讨论法，满足幼儿的好奇心理，开拓幼儿的思维，促使幼儿积极言语，最终有效地完成教学目标。

三、说学法

1. 视听讲结合法。根据幼儿的具体形象思维占主要地位的特点和幼儿语言发展的水平而采用的。视就是引导幼儿进行细致的观察，直接获得印象，这不仅是一种方法更是一种学习的习惯，在看的基础上，幼儿才会想说、有话可说、说得生动。听就是教师用自己的声音，丰富的情感表现吸引幼儿，充分刺激幼儿的听觉感官。讲就是幼儿通过观察，在教师的引导下充分表达自己的意见和看法，想说、敢说，在反复的表达讲述中理解故事内容，从而感受到风无处不在。视听讲结合的方法能充分地调动幼儿的各种感官，让幼儿处于积极的学习状态中。

2. 谈话法。整个活动中谈话的影子无处不在。教师根据活动需要，采用开放式与封闭式相结合的提问法，充分调动幼儿学习的积极性和表达的愿望。特别是在引导幼儿观察图片时，教师用问题来联结幼儿思维，不仅发展了幼儿的语言表达能力，还培养了幼儿思维的发散性。

四、说活动过程

第一环节：情景导入，激发兴趣。（2分钟）

俗话说，好的开始是成功的一半，我想这句话同样适用于教学活动。对组织一次活动来说，一个有创意、新颖的导入，能大大激发幼儿对活动的兴趣，调动幼儿学习的积极性。因此，在本次活动中，我精心设计了教具"风姐姐"并以悬念来导入的形式设计提问，如："今天，我们班来了一位客人，你们看见它了吗？"

并设计过渡语："风姐姐有时像个顽皮的孩子，爱和小朋友们玩捉迷藏的游戏呢！现在她就藏在这本书里，谁要是能在每一页里把风姐姐找出来，她就会和你成为好朋友。"以此引出绘本《风姐姐来了》，让孩子们以浓厚的兴趣进入了下一个环节。

第二环节：聚焦插图，品读感悟。（18分钟）

第二环节也是本活动的重难点——引导幼儿仔细观察画面，初步理解绘本内容。在这一环节中，我结合图书，与幼儿共同阅读。教师导、幼儿阅，师生开展积极的互动讨论，鼓励幼儿大胆猜测、大胆发表自己的见解。通过有效地运用设疑、插问、推问等形式层层递进，引导幼儿关注画面细节，理解画面内容，将幼儿的视线始终集中在精彩、生动的画面情节的变化上，增强幼儿对作品的感知。如："你从哪里知道风姐姐来了？""风姐姐来的时候，我们可以听到什么？可以看到什么变化？会有什么感觉？"

第三环节：随文学字，分享交流。（5分钟）

在这一环节中，我将绘本中的字按段落分到每组，请每组幼儿讨论，将自己会的字边念边贴上苹果树，并与同组的伙伴分享自己认识的字。这样，幼儿不仅能感受到游戏的有趣和分享的快乐，而且不知不觉增加了识字量并体验到了成功的喜悦，增强自信心和自豪感，也为后面的环节埋下了伏笔。

第四环节：视听结合，欣赏绘本。（5分钟）

在完整欣赏绘本之前，教师继续将上一环节的情境创设下去，并设计了这样的导语：这些是小朋友们认识的字，老师把它编成美丽的散文。通过课件，每组孩子认识的字整理后就是一段段散文，由此自然巧妙地过渡到下一环节的学习中。

这一环节，通过两遍完整欣赏，让幼儿能更好地把握作品。

（张泉清）

《漂流屋》说课稿

一、说教材

故事《漂流屋》主题明确，情节简单有趣，角色形象鲜明突出，语言生动浅显而富有教育意义。这个故事虽然篇幅不长，但文中多处运用了修辞手法吸引着幼儿，处处蕴含着分享快乐的主题思想。从描写青蛙看到房子不占为己有的无私精神，到青蛙与小动物一同分享快乐，再到小兄妹看到漂亮屋找到新的主人的快乐，步步深入主题，最后以小青蛙与同伴分享住在漂流屋中的快乐达到高潮。有趣的故事情节吸引着幼儿，使幼儿从中受到感染和教育，懂得什么是真善美，从而从内心深处感受与同伴分享的快乐。

二、说活动目标

1. 理解故事内容，感受故事的意境美。
2. 大胆表达对作品的理解，感受故事中语言的优美。
3. 体验与同伴分享带来的快乐。

这三个目标蕴含了语言能力的培养、知识经验的获得和情感方面的培养，体现了目标的综合性和层次性。

从活动目标出发，本次活动，我将重点放在"体验同伴分享带来的快乐"，通过完整欣赏—分段、讨论—互换礼物的情感体验，将重点逐渐突破，让幼儿懂得分享是一个漫长的积累过程。活动的难点在于大胆表达对作品的理解，感受故事中语言的优美，因此通过问题的启发性设计，以优美的音乐背景，引导幼儿运用动作来表现对故事中优美的修辞手法的感受，从而突破难点。

三、说活动准备

1. 经验准备：知道青蛙、螃蟹、乌龟、小鸟的生活环境。
2. 物质准备：故事课件、背景音乐、书、礼物、录音机。

四、说教法

1. 直观欣赏法。运用课件将故事内容直观形象地展现在幼儿面前，以鲜明生动的角色形象，优美的音乐背景，视与听的完美结合，吸引幼儿的注意力，激发幼儿学习的兴趣与热情，更有效地帮助幼儿理解和感受故事中分享的快乐这一情感。

2. 讲述法。这是语言教学活动的主要方法。教师正确、生动、形象、富有感情的讲述，包括语言的速度、语音的变化、感情的色彩等，能引起幼儿的兴趣。

3. 启发提问法。通过一些启发性的提问，发散幼儿的思维，注重幼儿在前、教师在后，发挥教师的主导性。

五、说学法

1. 交流讨论法。教学不仅仅是知识的传授，更重更的是刺激幼儿的心智发展，使之学会思考，学会学习，将知识内化。如活动中，我提出"你喜欢故事中的谁？为什么""如果你有一座漂流屋你会怎么做""你有什么不同的看法"等一系列问题，层层递进地让幼儿深入思考问题，并转化为自身的情感体验。

2. 情景体验法。大班幼儿抽象思维已初步发展，但是具体形象思维仍占主导，对于一些抽象的概念往往很难理解或很片面。由于生活环境的影响，他们自我中心意识强，谦让并与人分享的意识淡薄，因此活动的最后我采用了情景体验法让幼儿通过交换礼物，感受分享所带来的快乐，以亲切的语言、饱满的热情、愉快的情绪引导幼儿观察分享的乐趣，获得自身的体验，促进幼儿主动和谐的发展。

六、说活动过程

根据大班幼儿学习语言的年龄特点，结合《纲要》精神，我设计了以下教学环节，分别是：谈话导入，激发兴趣；操作课件，理解故事；交换礼物，分享快乐。

1. "漂流屋"课件引入，激发幼儿兴趣。

我以漂流屋课件导入活动，通过让幼儿猜想"水里漂来了什么"激发其好奇心、想象力，创设了幼儿想说、敢说、喜欢说的语言环境，激发了幼儿参与活动的欲望与热情。最后漂流屋的定格画面，让幼儿直观感受到故事中漂流屋的漂亮外形，有眼前一亮的感觉，更加激发了幼儿想听故事的欲望。

2. 欣赏配乐故事，初步了解故事内容。

该环节中，我通过听、想的结合发展幼儿的想象力和综合分析能力。教师以自身语气语速的变换，结合优美的背景音乐有感情地讲述故事，让幼儿在欣赏故事的基础上想象着故事里的意境，感受故事中语言的美，如"清清的小溪""像宫殿一样的漂流屋""热闹而欢乐的笑声"等。

3. 欣赏动画故事，感受作品的语言美和人情美。

视与听的结合再次调动了幼儿的兴趣，以分段讲述故事为主要形式，通过一个个问题的抛出，引导幼儿不断地思考、感受，层层递进从而达到理解故事内容的目的。故事中拟人、比喻的手法既是亮点也是难点，为了加深幼儿对作者将漂流屋比喻成"宫殿""大雪糕""摇篮"修辞手法的理解，我以"漂流屋像什么"的问题来引发幼儿想象，给予幼儿想象的空间，同时鼓励幼儿用肢体语言加以表现，进一步感受故事中的语言美。

在这个环节中，我设计了一个情感迁移的问题："这么漂亮的屋子，住在里面一定很舒服，如果你也有一间漂流屋，你会怎么做呢？"以此鼓励幼儿大胆表达自己的想法，引导幼儿初步感受小动物们共享漂流屋的快乐，知道有美好的事物与自己的同伴分享可以给自己带来更多的快乐，为下一环节做了合理的铺垫。

4. 交流对故事角色的看法，知道美好的事物要与同伴分享。

教学中，教师一味地讲大道理会使幼儿觉得枯燥无味，甚至产生抵抗的情绪，因此在这个环节中，我设计了多个问题，深入故事的主题——分享快乐，引发教育意义。如："妹妹为什么叹了口气？小兄妹为什么笑了？""欣赏完故事，你最喜欢故事里的谁？为什么？"，通过与同伴之间的交流，让幼儿直观形象地感知什么是好的，该学习谁、模仿谁，将所学道理延伸到生活中去。

5. 分享礼物，结束活动。

情感态度的培养应放于活动的首位。让幼儿在宽松、愉快的环境中交流体验交换礼物，感受与同伴分享的快乐，将活动推向了高潮。虽然分享是一个长期的积累过程，但是通过这个游戏情景的创设，我们给了幼儿一次体验分享的机会。及时地表扬鼓励，也使更多的幼儿喜欢和别人分享自己的东西，使得幼儿在今后的生活中懂得分享、感受快乐。

（许淋榕）

《金鸡冠的公鸡》说课稿

一、说教材

《金鸡冠的公鸡》是一篇内容较为丰富的儿童文学作品，故事讲述了公鸡爱听奉承话，几次被狐狸骗走，后来被猫和画眉鸟救回的经历，情节生动有趣，语言简练优美，尤其是对话语言，易记又好懂，幼儿非常喜欢模仿其中角色对话。本次活动我将重点引导幼儿理解故事内容，在感知角色特点的基础上学习对话，丰富幼儿的语言经验，为表演游戏打下基础。活动中我也将创设积极有效的语言互动环境，鼓励幼儿大胆表达自己的想法，让幼儿在轻松愉悦的气氛中发展想象力和语言表达能力。

二、说活动目标

结合教材分析以及本班幼儿的年龄特点和语言发展水平，我确定了本次活动的目标。

1. 知识目标：理解故事内容，丰富词汇，包括黑黝黝、急腾腾、高耸耸等。

2. 能力目标：学习故事中的角色对话，能积极参与故事情节的讨论，愿意大胆地表达自己的想法。

3. 情感目标：懂得公鸡贪吃又爱听恭维话是上当受骗的主要原因。

重点和难点：

由于故事内容较长，所以活动的重点是理解故事内容，懂得轻信别人是公鸡上当受骗的原因。结合本班幼儿喜爱模仿角色对话，但语言不流畅、表达不清楚等原因，把学习故事中角色对话和大胆表达自己的想法将作为本活动的难点。

活动准备：

1. 环境创设：与区域内容相整合。

我将相关知识有机渗透在区域活动中，如语言区中投放公鸡、画眉鸟、狐狸、猫的图片，各种背景图包括房子背景图等，让幼儿认识，并说一说；美工区投放美工纸、彩色笔、剪刀，用于制作相关头饰；表演区投放公鸡、画眉鸟、狐狸、猫的头饰以及背景图等，使幼儿获得更多有关的知识经验。

2. 知识准备：让幼儿事先了解猫、画眉鸟、公鸡的本领及生活习性。

3. 物质准备：磁性黑板、故事背景图片、金鸡冠的公鸡、狐狸、画眉鸟、猫的立体图片（内加磁铁）。

三、说教法

1. 直观形象法。我运用立体图片直观展示，在磁性黑板上操作，近似动画效果，让幼儿更为直观形象地感受故事情节，以帮助幼儿更加深入地理解故事内容。

2. 提问法。我运用启发性提问让幼儿把看到的具体形象的画面用语言描述出来，是解决活动重点的有效方法。在教学中，我尝试将单一性、封闭式的提问方法改成多样性、启发式、开放式的问题，"如果你是公鸡，你会怎么做"等问题，既能启发幼儿的思维，又能让幼儿根据自己的生活经验表达自己的想法。

3. 讨论法。在活动中，我先设问以引发讨论内容，然后由幼儿进行补充或提出自己的疑问，如我让幼儿讨论："你喜欢谁？为什么？你不喜欢谁？为什么？"以"为什么"引发幼儿深入思考，满足幼儿的好奇心理，促使幼儿积极讨论，表达自己的想法，有效地完成教学目标。

四、说学法

采用的学法主要有观察法，有目的地引导孩子发现公鸡一次又一次上当的原因，并能用语言讲述；还采用体验法，自始至终让孩子积极地参与其中，说一说、看一看、想一想，让他们表达自己的想法与感受；最后还用小组合作法，让幼儿分组讨论，与同伴一起用语言、动作、表情等来理解学习内容，在轻松的交谈中学习角色对话。这些学法不仅能让幼儿轻松愉快地解决学习中的重难点，而且锻炼了幼儿的思考能力和语言表达能力。

五、说活动过程

1. 出示背景图、公鸡，引发幼儿对故事的学习兴趣。

师：这是谁？这是一只怎样的公鸡呢？这只金鸡冠的公鸡发生了一个什么样的故事？

（设计意图：出示公鸡一下子吸引了孩子的兴趣，他们个个充满好奇，一副期待的样子，而教师简明扼要地提出问题，使孩子带着目的去倾听）

2. 结合图片，教师以先完整后分段两种形式讲述故事，引导幼儿感知故事的主要内容，学习角色的主要对话。

（1）结合图片，视听结合，让幼儿初步了解故事的内容。

师：故事里有谁？讲了一件什么事？

（设计意图：立体动物图片是一种非常有趣、直观的材料，它可以通过磁性黑板而"动"起来，让幼儿通过手、眼、口三种感官的共同参与，加深对故事的理解。在这个环节中，教师主要是讲述，中途不作停顿，不去打扰幼儿，让幼儿仿佛置身于故事中，完整感受故事情节）

（2）分段理解故事内容，学习角色对话，丰富词汇：黑黝黝、急腾腾、高耸耸。

（设计意图：这一环节主要是完成活动的第二个和第三个目标。由于故事较长，所以我采用了分段讲述，并通过提问和讨论法，帮助幼儿理解故事内容）

第一段：以开放性的提问，帮助幼儿理解，学习角色的主要对话。

①猫和画眉鸟为什么让公鸡在家一声不响？为什么不能把头向窗口？

②狐狸是怎样对公鸡唱的？它为什么要给公鸡吃小豆？

③公鸡是怎样喊救命的？它的心情是怎样的？请你学学看。学习词语黑黝黝、急腾腾、高耸耸，丰富幼儿的词汇。

（设计意图：教师引导幼儿理解故事内容，体验各角色的特征，初步学习角色语言，为下一环节作铺垫）

第二段：以启发性的提问，让幼儿用动作、表情语言表现角色特点。

①狐狸听说猫和画眉鸟不在家，它又会怎么样？（启发幼儿想想狐狸会有什么样的表情和动作，并做一做狐狸的表情）

②狐狸后来是怎么唱的，它用什么办法把公鸡引出来呢？请小朋友来说一说，学一学。（学习句子"孩子们跑呀跑，麦子撒了一地，母鸡把它们捡起来，就是不给公鸡"）

（设计意图：在这个环节中，幼儿对角色的特点有了进一步的认识，进行小组合作，能用语言、动作、表情不同的语言来表现各个角色，感知不同角色的特点）

第三段：让幼儿知道公鸡三次上当受骗的原因，并从中得到启发和教育。

①狐狸这一次又是怎样唱把公鸡骗出来？

②当猫和画眉鸟发现公鸡不见了心情是怎样的？它们怎样才能把公鸡救出来？

③公鸡为什么会上当呢？如果你是公鸡，你会怎样做？

（设计意图：幼儿在教师一个个问题的启发下能细心观察、积极思考问题并大胆地说出来，表达自己心中的想法，知道公鸡贪吃又爱听恭维话的特点及自己不能轻信陌生人）

3. 引导幼儿讨论，使幼儿进一步了解角色的特点，加深对作品的理解。（7分钟）

师：你喜欢谁？为什么？你不喜欢谁？为什么？

（设计意图：这个环节运用语言讨论法，让幼儿与同伴一起探讨，自由讲述，从而知道公鸡贪吃、爱听恭维话才上当受骗，不喜欢狐狸的狡猾，而是喜欢猫和画眉鸟的机智和勇敢）

4. 活动延伸：到表演区表演《金鸡冠的公鸡》。

我们到表演区里表演一下吧！自己找好朋友商量要扮演什么角色，要怎样扮演。

（设计意图：区域活动是教育活动的延伸，在区域活动中，可以让幼儿进行人物的主要对话，并通过语言、动作、表情等加深对作品的理解）

（蔡炜玮）

第三节　社会领域

《我会交朋友》说课稿

一、说教材

（一）教材分析

社会活动《我会交朋友》内容贴近幼儿的生活：每个幼儿都生活在家庭、

社会里，可以接触到各种各样的朋友，幼儿对交朋友也有一定的生活经验。因此在大班开展这一活动幼儿会感到很熟悉、很亲切，也是幼儿亲社会行为养成所必需的。本次活动能帮助幼儿学习初步的交往技能，学会交朋友，体验与教师、小朋友共同生活的乐趣。

（二）活动目标

1. 体验与教师、小朋友共同生活的乐趣。

2. 学习制作名片，乐于交往，学习初步的交往技能，学会交朋友。

（三）重难点

活动重点：由于本次活动为社会性活动，因此活动重点是学习初步的交往技能，体验与教师、小朋友共同生活的乐趣。

活动难点：学会交朋友的简单技能。因为很多幼儿在生活中不知道交朋友的技巧。因此，在本次活动中要让幼儿学习初步而简单的交往技能。

（四）活动准备：

1. 材料准备：电话、话筒、笔纸等。

2. 环境准备：活动室里布置各种名片、《找朋友》音乐准备。

二、说教法

在教学中教师采用感知法、操作法、体验法、游戏法、直观教学方法，让幼儿在具体形象的感知、模仿中了解交往技能，学会交朋友，体验与教师、小朋友共同生活的乐趣。整个活动动静交替，多种教育内容相互渗透，体现教育的自然整合，确定了教师在活动中的主导地位。

三、说学法

幼儿在动一动、说一说的活动中体验与教师、小朋友共同交往的乐趣，学会交朋友的方法，体现了幼儿学习的主体地位。

四、说活动过程

本次活动通过五个环节来完成，其中的二、四、五环节为本次活动的重点部分。

活动过程	简　析
一、布置名片屋，吸引幼儿的注意力，学习制作名片 1.请幼儿欣赏各种各样的名片后提问： （1）名片上有什么？ （2）名片有什么用处？了解不同名片的图案或标记代表的意义。 2.请幼儿自己设计制作名片。	1.教师运用环境来影响、感染幼儿，既符合幼儿形象直观的认知特点又吸引幼儿的注意力。 2.通过让幼儿欣赏不同的名片，了解名片的用处，为学会交朋友打下较好的基础。
二、幼儿在音乐游戏中找朋友 幼儿边唱歌边玩音乐游戏《找朋友》，找到自己的朋友交换名片。	这一环节体现了教育的整合观，活跃了课堂气氛，让幼儿在游戏中找到自己的朋友，是本次活动的重点部分的体现。
三、介绍获得好朋友的方法 1.小记者采访收到最多名片的幼儿，让他来介绍获得好朋友的方法。 2.发散幼儿思维：你知道还有哪些获得好朋友的方法？ 3.以大带小的形式让幼儿通过与小弟弟、小妹妹的交往，总结获得好朋友的方法。提问： （1）在刚才的交往中，你是用了什么方法交到好朋友？ （2）幼儿自由交流经验。 （3）师生总结获得好朋友的方法。	1.模仿是幼儿社会性学习的重要方式。本环节以采访获得最多票数的幼儿介绍交友心得比较有说服力，构成他们学习的榜样。 2.本环节让幼儿在了解一个小朋友的交友方式后动脑想出其他获得好朋友的方法，让幼儿学会知识的迁移，并在迁移的基础上有所创造，体现素质教育的要求。 3.以大带小的形式让幼儿体验与小朋友共同生活的乐趣。幼儿通过自由交谈，倾听他人的想法并获得交到好朋友的方法，同时幼儿可以自由感知、自由交流，是幼儿自主学习和互动学习的体现，突出了幼儿在活动中的主体地位。这是本次活动的理解难点环节。
四、分组活动，再次体验与教师、小朋友共同生活的乐趣，学会交朋友 幼儿按自己的意愿选择好朋友一起参加分组活动。 1.给好朋友打电话游戏。 2.用图画的形式给好朋友写信。	本环节体现了教育的整合观。活跃课堂气氛，把本次活动推向高潮，让幼儿在游园活动中再次体验与教师、小朋友共同生活的乐趣，学会交朋友。再一次突出重点。

五、延伸活动 　1. 利用节假日组织家长和幼儿共同郊游。 　2. 为好朋友过生日。	1. 幼儿主要是通过在实际生活和活动中积累有关的经验和体验而进行社会性学习的。 　2. 引导幼儿参加游戏和其他活动，再次体验和同伴共处的乐趣。

（陆奕）

《一起来合作》说课稿

一、说幼儿

在日常生活中，我们经常发现孩子缺乏合作意识，不善于协商、交流，如果遇到困难或与同伴之间发生矛盾常常以告状、求助或攻击的办法来解决问题。从小加强幼儿群体性与社会性的教育，培养他们主动交往、协同合作的团体意识和与人沟通、和睦相处、共同生活的社会能力，是时代发展的必然要求。幼儿之间的合作常常会带来积极愉快的结果：活动成功，增进友谊，让幼儿感受、体会到合作的快乐与必要，促进幼儿身心健康发展。因此，合作能力的培养对于幼儿来说是十分重要的。我从让幼儿感受合作的乐趣及重要性入手，设计本次活动。

二、说内容

在确定活动内容后，我设计了站报纸、夹球走、两人三足、同舟共济等有趣的合作游戏。游戏中，幼儿为了完成任务，都需要与同伴协商、合作，能充分感受、体验合作的乐趣及重要性。

三、说目标

依据大班幼儿的年龄特点和活动内容的特点，以及《纲要》的要求，目标的定位应充分体现综合性、层次性、具体性和客观性。因此，我把本次活动目标确定为：

1. 在各种有趣的合作游戏中，感受合作的重要性。

2. 探索合作的多种方法，体验合作的乐趣。

其中，我把"探索合作的多种方法"作为本次活动的重点，目的在于让幼儿自主地思考，寻找合作的最佳方法，充分发挥幼儿的创造性、学习的主动性，培养其勇于探索精神，也有利于教师更好地观察幼儿游戏情况，引导幼儿与同伴正确地协商、合作。本次活动的难点在于，在游戏中让幼儿充分感受合作的重要性。因为在游戏中，幼儿在乎的是玩得是否开心，游戏是否成功，很难明白是因为合作使自己的游戏获得成功与快乐。因此，要引导、鼓励幼儿用语言将自己的感受表达出来，从而进一步了解、感受合作的重要性。

四、说活动准备

我主要从环境、教师、材料、幼儿游戏体验四方面进行准备。

环境创设：我准备了相应的活动场地：用大的圆纸筒做大门，用装有原料水的七彩可乐瓶做围墙，将班级周围的场地围成三个游戏场，以激发幼儿愉悦的情绪。

教师的准备：在活动前我与个别教师先尝试了四人如何尽量同时站在同一张报纸上的多种方法及大拖鞋、夹皮球、两人三足的多种玩法。目的在于更好地了解这些材料是否适合幼儿使用，而且事先了解这些玩法便于在游戏中更好地启发、引导幼儿玩出多种方法。

材料准备：为了让幼儿游戏达到合作和多次游戏的需要，我选择大报纸作为本次团体游戏的材料。因为大报纸易于幼儿操作，面积较大可以让幼儿反复折叠，折叠后的报纸面积不断变化，可以增加游戏的趣味性。选择竹竿、皮球、纱巾、大拖鞋作为分组游戏的材料，因为这些材料的可操作性较强，适合幼儿游戏，并能让幼儿不断发明、变换玩法。

幼儿游戏体验准备：结合以上材料及教师自身的尝试，我事先丰富幼儿相应的游戏经验，如，有过找朋友的游戏经验、单双脚站立的活动体验及掌握"两人三足"的简单玩法，以便他们在游戏过程中想出更多的玩法。

五、说教法、学法

在本次活动中我主要采用了以下四种方法。

1. 探索发现法。在教学过程中，我没有把游戏方法教给幼儿，而是把材料介绍给幼儿，启发、引导幼儿依靠已有的游戏体验和生活经验去尝试、发现并探索更多的合作方法。如：夹球走的游戏，引导幼儿用两根竹竿夹1个或1个以上的皮球，也可以引导幼儿用三根竹竿搭成三角形来夹皮球或者用三根以上的竹竿来夹更多的皮球。在游戏过程中幼儿按自己的意愿选择材料，也能自由选择创造更多的游戏玩法，有机会亲历探索发现的乐趣，在探索中发现，在发现中学习。这一方法是本活动最主要的学习方法，并贯穿始终。

2. 观察法。在游戏中，我运用观察法了解幼儿在活动中的探究方法，从"成功"和"失败"两方面加以引导，对于成功的幼儿，鼓励他们尝试更多的玩法；对于失败的幼儿，则引导他们找出原因，改进方法，反复尝试。如同舟共济这个游戏，几位幼儿穿上大拖鞋，如果他们之间步伐不一致的话，很容易出现摔倒或碰撞的现象，所以教师在幼儿游戏时更应当认真观察他们的游戏情况，同时引导幼儿观察其他组的玩法，找出自己摔倒的原因，从而改进原有的游戏。

3. 讨论法。在活动中通过幼儿与幼儿之间，教师与幼儿之间自由式的讨论与交流，能促进幼儿思维的相互作用。因此，我在活动中针对幼儿探究合作方法的情况，多次提供自由交流与讨论的机会，帮助幼儿明确要合作的项目、方法。如，让他们讨论"怎样才能让四个好朋友尽量同时站在大报纸上"，讨论"要玩哪种游戏，要怎么玩、怎么合作才会成功"等等，让他们用自己的语言有条理地表述探索的过程与结果。这样，有助于幼儿归纳概括出各种适用的合作方法，同伴间的相互质疑和矛盾之处也会引出新的问题，从而激发幼儿进一步探究。

4. 游戏法。丰富的游戏活动能满足幼儿的学习要求，促进幼儿身心健康和个性发展。因此，在活动中，我运用游戏"娱乐馆真好玩"让幼儿进行分组活动。娱乐馆分为两人三组馆、同心协力馆、夹球走馆，幼儿可以自主选择任意一个游戏馆进行游戏，在轻松愉快的情境中探索、学习，发挥他们在现实中尚未表现的能力，既发展了身体，获得了知识，又培养了良好的行为习惯和交往能力。我在游戏中则以游戏者的身份与幼儿合作游戏，充分尊重幼儿的意愿，让他们自主选择，大胆想象，勇于创造，从而形成一种健康活泼、轻松愉快的心理氛围。

六、说活动过程

本活动我分为五大环节来进行：热身运动——团体训练——分组体验——分享快乐。

（一）热身运动：找朋友

1. 今天老师要跟小朋友一起玩《找朋友》的游戏。一会儿音乐开始，请大家听信号找四个朋友。找到朋友后，相互介绍自己的姓名，道声"请多关照"。

2. 让我们一起来帮助没有找到好朋友的四个小朋友。

指导语：请这新的四个好朋友互相介绍一下姓名。

（设计意图：为激发幼儿参与活动的积极性，在本环节中与艺术领域整合，我结合《找朋友》的音乐，让幼儿初步尝试与同伴友好相处、共同合作完成教师的要求）

（二）团体尝试：站报纸

1. 教师边介绍站报纸的玩法边提出要求，并指导幼儿活动。

指导语：我们现在来玩个游戏，每四个小朋友拿一张报纸，把报纸展开放在地上，四个小朋友的脚都要踩在报纸的一角，观察看看报纸剩下的空间有多少。

四个小朋友是单脚踩在报纸上还是双脚都踩在报纸上？

有没有剩下空间？

为什么四个小朋友站在报纸上，报纸还有剩下空间？

2. 教师简单小结幼儿"站在大报纸上"的情况，引导幼儿将报纸对折，进行示范，并进一步尝试着用各种方法合作站报纸。

3. 游戏"同心协力"。

要求：每一组都站在报纸上了，把报纸一次一次对折，要求小朋友都要站在上面，比比哪组又稳又快？

报纸再对折时，地方小了，想一想怎么站，才能让每个好朋友都踩到报纸。

4. 分享经验。

指导语：请小朋友来说一说你们是用什么方法让四个好朋友尽量同时站在越折越小的报纸上的。怎么做到另一只脚没有踩在地上也不会摔倒呢？

小结：四个好朋友都可以站在一张小小的报纸上，是因为他们互相帮助，相互团结，相互合作，才能在小小的报纸上站好而又不摔倒。

（设计意图：本环节作为活动的重点，主要是让幼儿探索合作方法，了解合作的重要性。所以在设计这个环节时，我充分考虑活动的层次性，让幼儿通过体验不同难度的游戏，分享经验、交流体会，那么，幼儿就可以在轻松自由的交流氛围中获取他人经验。教师在幼儿交流过程中，适当引导幼儿用完整、连贯的语句把自己的感受表达出来。这个环节能充分体现幼儿在活动中的主体地位，而活动目的在此也得以初步实现）

（三）分组体验：夹皮球、两人三足

1. 向幼儿介绍各种游戏材料及规则。

（1）夹球走。

指导语：接下来老师准备了几种游戏要让小朋友来玩，第一个游戏叫做"夹球走"。请两个小朋友一手拿一根竹竿，把球放在中间，从这条线走到那条线，在这过程中，不能用手拿，也不能用手碰，只能用竹竿夹着走，谁用手碰了就犯规了，就算输了。可以请几组小朋友一起来比赛，看看谁先把球夹到对面的篮子里。

（2）两人三足。

指导语：还有一个游戏叫做"两人三足"，这个游戏是把两个小朋友的脚用纱巾绑在一起，然后想想用什么办法，可以最快走到对面，也可以三个、四个小朋友绑在一起玩，可以找几组小朋友一起比赛看看谁先到对面的终点。

2. 提出要求：

（1）可以自由选择同伴和游戏的类型。

（2）边玩边想想怎么样与同伴合作将"任务"完成得又快又好。

3. 幼儿游戏，教师在旁引导幼儿共同协商办法，并提醒幼儿遵守游戏规则。

指导语：在玩两人三足的游戏中，可以启发幼儿在原来两人的基础上增加到三人、四人以上。

4. 分享经验。

指导语：你们参加了哪个游戏？你们在游戏中是怎样和小伙伴合作完成任务的？最后得了第几名？

（设计意图：在幼儿已初步体验合作的乐趣后，为了让他们进一步感受合作的重要性，本环节在已创设好的环境里，让幼儿分为夹球走、两人三足、同舟共济三组进行游戏。在这一过程中，我注重幼儿个体差异，启发幼儿结合生活经验及已有的游戏体验，通过协商、观察、探索等方法进行反复尝试，动脑筋想出更多与众不同的玩法，并且帮助每位幼儿获得合作成功的体验）

（四）分享快乐：快乐的小伙伴

今天小朋友都跟自己的好朋友合作游戏非常开心，那让我们现在一起唱起来，一起跳起来吧。在音乐"快乐的小伙伴"中自然地结束。

（设计意图：活动的最后再次与艺术领域整合，结合音乐《快乐的小伙伴》让幼儿与同伴共舞，将幼儿合作成功的愉悦情绪推向高潮）

（五）活动延伸

合作是幼儿未来发展、适应社会、立足社会不可或缺的重要素质。在本次活动结束后，我还将开展一系列有关团体合作的活动，如亲子游戏猪八戒抱西瓜、运娃娃、保护恐龙蛋，日常游戏传话、搭轿子、合作拼插、幼儿组画等，让幼儿更加充分感受合作的重要性，逐步培养幼儿的合作意识、合作能力。

（连丽香）

第四节 科学领域

《淀粉躲猫猫》说课稿

一、说教材

大班幼儿对事物有强烈的好奇心和探索欲望，也具备了一定的动手实验探索的能力。生活中存在许多神奇的现象，如碘和淀粉在一起发生的显而易见的反应，足以引起幼儿参与活动的热情。碘和淀粉是两种安全的实验物品，也便于幼儿操作。虽然对幼儿来说，"淀粉"这一词是陌生的，但幼儿对于含有淀粉的食品如面包、馒头等却是再熟悉不过了。因此，我选择这个教材，通过幼儿自己动手实验了解哪些食物中含有淀粉以及食物变色的神奇现象，激发幼儿对科学实验的好奇心，培养幼儿的探索精神。

二、说活动目标

根据以上教材分析及本班幼儿的已有知识经验、能力及发展水平，我将此次活动的目标制定如下：

1. 积极参与实验，感知淀粉遇碘变色的现象，知道生活中常见的含有淀粉的食物。

2. 勇于猜想，愿意通过实践来寻找答案。

3. 学习简单地记录，乐于表述自己的发现。

本次活动的重点是通过试验感知淀粉遇碘变色的现象，难点则是对食物中是否含有淀粉进行猜想实验。

三、说活动准备

在科学活动中材料的投放很重要，它直接关系到试验结果。我为活动做了以下准备：

1. 用淀粉水和自来水画的图画各一张，装有碘酒的喷壶两个。

2. 米饭、面包、土豆、白糖、青菜、苹果幼儿人手各一小份。

3. 碘酒、滴管幼儿人手各一份。

4. 记录表幼儿人手各一张，大记录表一张。

四、说教法

本次活动我主要采用了以下四种教学方法：情境导入法、设疑法、观察法、猜想验证法、操作法。

1. 情境导入法。以"为小猴寻找丢失的食物"导入，引发幼儿的兴趣与好奇心。

2. 设疑法。通过提问，提示幼儿探究的线索，引发幼儿思考，使幼儿对所感知的经验进行整理。一个个富有启发性的问题引导着幼儿的探究逐步深入。

3. 观察法。让幼儿在观察的过程中发现问题，引发其自主探索。

4. 猜想验证法。在猜想验证的过程中，不仅训练了幼儿独立思考和解决问题的能力，更重要的是教给幼儿一种做事的方法和研究的态度。

五、说活动过程

本次活动设计力求让幼儿最大程度地参与投入，采用自主探究的学习方法，提供自主学习的空间，运用多种感官的参与，使学习过程成为儿童发现和探究的过程，真正使学习变得快乐起来。因此，我设计了环环相扣、层层递进的四个环节——导入、猜想、实验、结束。

1. 第一个环节是以为小猴子寻找丢失的食物的情景导入，引起幼儿参与活动的兴趣和好奇心。

（1）向幼儿出示两张分别用淀粉水和自来水画好的图画，提问："怎么帮小猴子将图画上丢失的食物找出来？"

（2）向幼儿介绍本次活动的试验材料，也就是找出食物的工具——碘酒，并邀请幼儿用装有碘酒的喷壶将图画上的图案显现出来。这个环节充满了趣味性，特别是当一张画上出现水果，而另一张画上没有东西时，引发幼儿思考：为什么这张画上有水果呢？是怎么变出来的？为什么碘酒会让这张纸出现水果？

（3）出示淀粉水和自来水，引导幼儿观察比较："这两杯水有什么不同？"进而介绍淀粉，让幼儿知道淀粉和碘酒会有反应。

2. 教师引导幼儿进行猜想："哪些食物中含有淀粉？"

（1）教师出示记录表与各种食物，介绍记录表的记录方法，并引导幼儿进行自由猜想：哪些食物中含有淀粉？

（2）引导幼儿在猜想之后填写记录表，教师在此过程中观察了解幼儿猜想的情况。幼儿填写好记录表后，教师引导幼儿自由地表达自己的猜想。在此过程中，教师并不说明幼儿的猜想正确与否，让幼儿带着自己的猜想进行试验。

在实验之前让幼儿对试验结果进行猜想能激发幼儿思考，带着自己的猜想和问题进行的实验更具意义，在猜想和验证的过程中，更有利于幼儿掌握这些实验的知识。

3. 幼儿自主进行实验，对自己之前的猜想进行验证。

这个环节是本次活动的高潮所在，幼儿通过试验验证自己的猜想，从而获得正确的知识经验。

（1）先向幼儿提出试验要求，注重讲解要如何使用滴管——先将滴管伸到装有碘酒的瓶子里，吸一些碘酒，然后再用滴管将碘酒滴到食物上，注意不要把滴管伸到食物里面去，在食物的上面滴一滴就可以了。

（2）幼儿进行自主试验，教师观察幼儿的试验情况，并进行个别指导。在试验的过程中教师是观察者和指导者，要充分重视幼儿的主体地位，所以教师并不直接介入幼儿的试验，不一手包办，而是引导幼儿进行自主探索。但是对于一些能力较弱的幼儿，还是要进行个别指导。

4. 师幼共同探讨哪些食物中含有淀粉，教师再进行小结。

（1）教师引导幼儿表达自己的试验结果："你们发现哪些食物里含有淀粉

了？你是怎么知道的？"

（2）展示幼儿的记录表，引导幼儿根据自己的记录与同伴分享试验结果，要求幼儿使用完整句表述自己的试验过程。对有争议的试验结果，请个别幼儿再次演示。

（3）师幼共同总结：淀粉和碘酒是一对好朋友，淀粉遇到碘酒就会变色。

（4）请幼儿说说："除了老师提供的这些食物，你知道还有哪些食物里含有淀粉？"

（5）教师总结：淀粉主要在农作物、植物的根茎和豆类中，各种蔬菜和水果中淀粉的含量很少。教师的总结是为了让幼儿明白，淀粉不仅仅藏在今天教师准备的食物中，还藏在其他很多食物中，引导幼儿在活动结束之后继续探索。

（郑晓佩）

《动物的自我保护》说课稿

一、说教材

幼儿科学教育的价值取向不应停留于静态知识的传递，而应注重儿童的情感态度和解决问题能力的培养。因此，在科学教育活动内容选择上需要特别注意活动内容"源于生活，缘于兴趣"。自然界中，动物自我保护的方法是多种多样的，像保护色、拟态、硬壳、硬刺、装死等。大班幼儿喜爱小动物，思维活跃，对动物自我保护的话题非常感兴趣，经常会问："小动物遇到敌人怎么办？""小蝴蝶会保护自己吗？"但自然界中具有自我保护功能的动物离幼儿的生活及经验有一定的距离，此类学习活动也不容易通过直接的实验或探究而进行。为了顺应幼儿的发展需要，满足其好奇心及探索愿望，我利用图片、资料、视频等一些资源，以幼儿喜爱的游戏、故事等贯穿活动始终，让幼儿在与环境的交互作用下获取相应的科学知识，在讨论交流中拓展经验和视野，在观察思考中学会发现并解决问题，获得发展。

活动目标：

大班幼儿已经具备了一定的交流能力，也积累了一些有关记录的经验，根据《纲要》精神和教学内容，结合大班幼儿的实际发展水平，特制定如下适合幼儿最近发展区发展的 3 个目标。

1. 知识目标：知道动物有自我保护的本领，初步了解一些动物自我保护的方法，增强探索动物奥秘的兴趣。

2. 能力目标：能运用已有的知识续编故事，积极参与讨论交流，加深对动物自我保护的认识。

3. 情感目标：增强爱护动物的情感，共享游戏的快乐。

重点、难点：

结合《纲要》精神和幼儿已有生活经验，本次活动将"引导幼儿了解动物保护方法及其作用"确定为重难点。在家长、幼儿收集资料的基础上，用录像、课件的形式给幼儿直观、形象的展示；采用鼓励、表扬、引导以及个别指导的方法，为幼儿创设宽松、愉快的活动氛围；运用游戏，引导幼儿通过交流、倾听、想象再现小动物自我保护的方法，建构积极、有效的师生互动，让幼儿更好地了解与接受。

活动准备：

为了让幼儿在活动中大胆表述、交流、分享自己的经验，首先要调动家长、孩子一起收集各种有关动物自我保护的资料，如图书、图片、网上下载资料等。同时运用多媒体手段，如准备好相关课件资料，生动、形象、直观地展示动物的自我保护方法，有利于幼儿的讨论、交流、学习。

1. 经验准备：

（1）请家长利用休息时间带幼儿到动物园观察动物，或收看电视"动物世界"栏目，向幼儿讲解有关动物自我保护的方法，丰富幼儿的感性经验。

（2）引导幼儿将收集到的资料及信息，用图片或绘画的形式记录下来，带到幼儿园和同伴交流。

2. 物质准备：

（1）视频一段。

（2）创设游戏情境，动物头饰、音乐。

二、说教法

根据幼儿身心发展特点、年龄特点，活动中我以幼儿为主体，游戏贯穿活动始终，加上形象、生动、直观的课件，运用直观演示法、情境创设法、启发提问法等教法，充分调动幼儿学习的积极性，以达到科学性、健康性、愉悦性的和谐统一。

1. 直观演示法。利用课件，将动物自我保护的方法直观地演示给幼儿，鼓励他们大胆讨论、交流自己的见解，在互动中互相学习、解答疑问。

2. 情境创设法。幼儿是学习的主人，在幼儿已有经验的基础上创设相应的游戏情境，让幼儿能够用眼看、用嘴说，动脑思考、用动作表现，从而全身心地积极投入到活动中去，给幼儿充分的自由展现的空间。

3. 启发提问法。通过一些启发性的提问发散幼儿的思维，注重幼儿在前、教师在后，发挥教师的主导性。

4. 观察指导法。针对幼儿在活动过程中出现的情况，教师采取随机指导的方法，适当调控活动的进程与节奏。

三、说学法

根据大班幼儿身心发展特点，本次活动以幼儿为主体，创造条件让幼儿积极主动地参加探究与交流活动，使之更轻松自然地了解相关科学知识，锻炼能力，获取经验，升华情感。

1. 观察操作法。引导幼儿通过观看录像、课件，寻找小动物，分析动物保护自己的方法，获得直接经验。

2. 交流讨论法。引导幼儿围绕"动物自我保护"这一主题进行表达交流，带着问题有目的地进行讨论，给幼儿提供自由表达的机会，满足幼儿想说、敢说的愿望，以达到分享知识经验的目的。

3. 多通道参与法。《纲要》科学领域中明确指出，幼儿"能用多种感官动手动脑，探究问题；用适当的方式表达，交流探索的过程和结果"。本活动注重引导幼儿调动多种感官参与活动，聊一聊、看一看、说一说、编一编、演一演，使幼儿在不知不觉中对"动物自我保护"这一话题产生兴趣。

4. 自主学习法。所谓自主学习是指幼儿以主体的身份自主地与周围环境相互作用，并显现出学习的能动性、独创性和差异性。活动中教师让幼儿自主介绍收集的资料和了解的信息，自主扮演角色，自主选择操作材料，引导幼儿和同伴自由交流自己的发现，让幼儿真正成为活动的主体，体现"以幼儿发展为本"的教育理念。

四、说活动过程

整节活动的设计从幼儿的实际出发，符合幼儿的年龄特征以及身心发展的特点，活动的结构秉承递进关系：兴趣—游戏—创造，幼儿始终处于自主积极的状态，体验到与同伴合作游戏的快乐，充分体现自主、创造、合作的现代儿童的学习方式。活动过程分为五个环节。

（一）聊一聊，引出话题

活动一开始，教师以"动物是如何保护自己的"为题进行提问导入，激发幼儿的参与兴趣，引导幼儿思考小结，获得初步的印象，为下一环节打下基础。

提问：你们知道最胆小的小动物是谁？它能斗过那些凶猛的动物吗？它是怎么保护自己的？

（设计意图：以提问导趣，使孩子对新课的学习形成一种期盼的欲望和关注的心理）

（二）看一看，了解方法

1. 播放录像，引导幼儿带着问题去观看变色龙等特殊动物保护自己的方法，调动幼儿的思维，激发探究兴趣，使幼儿在相互交流中分享新的经验，体验发现乐趣。

2. 提问：你刚才看见了什么动物？这种动物用什么方法保护自己的？

3. 小结：动物世界很神奇，它们遇到危险的时候，或者是为了让自己更好地生存，会想办法来保护自己。不同的动物有不同的自我保护方法。

（设计意图：本环节通过直观演示法让幼儿兴趣盎然地投入到学习观察之中）

（三）说一说，分享信息

提问：小朋友都找到了一些关于动物自我保护的资料，你愿意向大家介绍吗？

引导语：小朋友真能干，交流了许多动物保护自己的方法，你最欣赏哪种动物的自我保护方法？为什么？

（设计意图：本环节旨在通过交流、讨论，引导幼儿了解动物自我保护的不同方法。鼓励幼儿出示自己收集的有关动物自我保护的资料，并大胆地在同伴面前进行介绍、表达自己的观点，提醒幼儿在说出自己看法的同时注意倾听别人的观点并进行讨论与交流，教师及时进行小结，给幼儿广阔的思维空间，使幼儿在仔细倾听、主动思考、总结概括、语言表达的过程中加深对动物自我保护方法的印象）

（四）编一编，迁移经验

教师讲述故事《小鹿历险记》后引导幼儿讨论并在故事情境中迁移相关经验。

1. 师：一天，小鹿出门玩，没走多远就碰见了大灰狼。小鹿害怕极了，它撒开腿就拼命地向森林里跑去……（讲到小壁虎为止）

2. 提问：小鹿在路上遇到了小壁虎，你认为小壁虎会为小鹿出什么主意呢？

3. 幼儿交流各自的想法后教师再接着讲述故事。

4. 启发幼儿说说接下来遇到的动物们（黄鼠狼、花狐狸、青蛙等）将会为小鹿出什么主意。

5. 讨论：小鹿最后是怎样躲过大灰狼的？

（设计意图：这一环节通过猜想和讨论培养想象力与思维力，激发幼儿的创造力）

（五）演一演，巩固认识

提问：如果你是小动物，你最想做什么小动物？你有什么好的方法保护自己呢？

引导语：现在我们来玩个游戏，小朋友可以变成任何一种小动物（戴上头饰），跟着音乐玩一玩。咦！怎么了？我们的"敌人"来了，怎么办呢？你就用你所扮的小动物的方法来保护自己，看谁模仿得最像！

（设计意图：这一环节通过自主玩游戏将幼儿获得的经验进行迁移、延伸，引导幼儿演一演、玩一玩、说一说各种小动物自我保护的方法，让幼儿在愉悦的情绪中得到发展，进一步帮助幼儿巩固对动物自我保护的认识）

（六）活动延伸

活动延伸部分要整合各个方面的资源，融活动性、趣味性、学习性为一体，为幼儿的后续学习搭建自由的平台。

（周云凤）

《认识圆柱体》说课稿

一、说教材

（一）教材分析

圆柱体物品大量存在于幼儿周围，是幼儿熟悉的，幼儿在生活中、建构中经常接触它们、使用它们；圆柱体这一内容既贴近幼儿的生活，又有助于拓展幼儿的经验和视野；既符合幼儿的现有水平，又有一定的挑战性；既符合幼儿的现实需要，又有利于其长远发展。通过圆柱体的认识可以进一步帮助幼儿正确地认识和区分周围物体，发展空间知觉和空间想象。

（二）活动目标

根据《纲要》要求和大班幼儿的发展水平，我确定了贴近幼儿最近发展区的活动目标。

1. 认知方面：感知圆柱体的基本特征，会辨认圆柱体。

2. 能力培养：观察、比较、发现圆柱体与球体的不同，并乐意讲述自己的发现。

3. 情感态度：养成整理材料的良好学习习惯。

（三）重难点

根据可接受性原则和发展性原则，我确定本次活动的重难点为感知圆柱体的特征，会辨认圆柱体。通过让幼儿动手进行探索式操作，在操作中有目的地充分体验，再进行集体教学，组织讨论，引导发现，运用课件条理归纳，最后再分组操作，在层层深入、循序渐进中有效地突破重难点。

（四）活动准备

1. 经验准备：幼儿已认识过球体。

2. 物质准备：

（1）教具：若干圆柱体形状的物品、小球；课件，多媒体设备；"圆柱体家"。

（2）学具：每人一块小圆柱体积木，一个圆形纸板；笔、记录纸；棉线；硬币每人 10 个。

二、说教法

幼儿园教育活动内容的组织应充分考虑幼儿的学习特点和认识规律，注重综合性、趣味性、活动性。本次活动中，教师主要采用集体教学与分组活动相结合的形式，运用操作法、引导发现法、课件演示法、交流讨论法，最大限度地给予幼儿学习上的支持。创设环境，注重幼儿在前、教师在后的原则，提供适宜的操作材料，给予幼儿充分地操作、交流和讨论的机会；运用课件直观演示，注重师幼互动，有目的地启发、引导，突破重难点，使幼儿逐渐建构起有关圆柱体的经验。

三、说学法

本次活动让幼儿自己动手动脑，运用多种感官学习，即通过观察、比较、操作、记录、讨论、练习等学习方法，从感知入手，以感知体验为主要渠道，看一看、摸一摸、比一比、量一量，通过视觉和触觉的联合行动，在与材料、同伴、老师的互动中，感受球体和圆柱体的不同、发现圆柱体的特征，与教师、同伴交流圆柱体的特征，并通过判断、练习等一系列过程，不断获得圆柱体的知识和经验。

四、说活动过程

（一）开始部分

1. 让幼儿玩球体、圆柱体物品，对比感知不同点。

巧妙的新课导入能承上启下，促进知识掌握、巩固、深化，诱导幼儿全身心地投入学习，激发学习兴趣。所以活动一开始，教师以请幼儿玩玩具的形式引题："今天老师带来了一些玩具，等会请小朋友看一看、玩一玩、滚一滚，然后说一说你的发现。"让幼儿自由选择材料，在玩中调动已有球体知识去对比、感知圆柱体的特征，从而明确两种几何体的区别。

2. 师幼共同归纳球体、圆柱体的不同点。

教师提出问题：你刚才玩的玩具是什么形体的？球体、圆柱体长得有什么不同？滚的时候有什么不同？让幼儿讲述自己的发现，教师再做示范归纳。

（二）基本部分

1. 操作记录，感知圆柱体的特征。

教师让幼儿动手进行探索操作，操作前提出问题让幼儿思考："你们觉得圆柱体上下这两个面是不是一样大的呢？上下是不是一样粗的呢?"为幼儿的感知、测量活动环节的开展有效地设置了悬念。之后让幼儿带着问题，比一比：用圆形纸片比上下两个面的大小；量一量：用棉线量上下是否一样粗。通过操作和触摸，观察积累有关圆柱体的多种体验。同时在操作中，要求幼儿用语言调节动作，较清楚地讲述操作的过程和结果，使感知活动有目的地进行，逐步深化，发挥幼儿的主体作用。

2. 分享讨论，归纳圆柱体的特征。

从幼儿学习特点出发应该是操作探索在前，演示、讲解在后，在分组操作的基础上，进行集体教学，组织讨论：圆柱体到底长得什么样？教师用课件演示，让幼儿观察思考，动口说，把在分组活动中分散的、表面的、感性的体验进行整理、条理归纳，引导幼儿发现：圆柱体上下都是一样大的两个圆形、侧面一样粗，放倒了能滚动。这样有利于感知经验的升华和认识的深化，起到"画龙点睛"的作用。

3. 观察判断，辨认圆柱体。

出示课件，让幼儿从各种图形中辨认圆柱体。辨认变式、非正置的圆柱体物品，既巩固了圆柱体特征，又改变了幼儿只对典型特征的圆柱体单一、刻板的认识，使幼儿克服思维定式，进一步形成相应概念，锻炼思维的灵活性，有效地突破重难点。

4. 联系生活，说说圆柱体的物品。

幼儿到了大班，表象思维有了一定的发展，因此可在积累感知经验的基础上积极运用表象学习数学。让幼儿联系生活经验说说有哪些东西像圆柱体，如：牛奶罐、薯片筒、圆铅笔等等，虽然大小高低不同，但都是圆柱体形状的。这样在感知的基础上发散思维，有利于幼儿能动地建构圆柱体的知识，也能让幼儿感受数学与生活的联系，感受生活中的数学。

5. 分组活动，巩固深化对圆柱体的认识。

幼儿数学知识的巩固有赖于练习活动，因此教师让幼儿借助分组活动，深化学习。根据目标和不同幼儿的需要，提供程度不同的材料，使材料贴近幼儿的最近发展区。

①操作：用许多硬币变出高矮不同的圆柱体。

②作业单：按箭头方向用红笔沿虚线连成一个圆柱体；找出四周的圆柱体，从1开始接着编号，将个数写在方形的格子里。

③操作：从篮子里找出圆柱体的物品送到"圆柱体的家"，不是的说说理由。

④作业单：说说哪些物品像圆柱体，像的打"√"，不像的说说理由。

活动前交待幼儿按规则、要求操作，在操作中有针对性地进行辅导，有利于幼儿从各自不同的程度上向前发展，又巩固加深他们对圆柱体的进一步认识。

（三）结束部分

1. 以积极的态度评价幼儿的活动情况。《纲要》指出，评价要关注幼儿的个体差异，应以发展的眼光看待幼儿，因此不管对能力强的还是弱的都给予积极评价，培养自信心，不抹杀学习兴趣。

2. 组织幼儿整理活动材料，培养良好学习习惯，为入小学做准备。

（四）活动延伸

1. 数学区：继续投放作业单让幼儿感知和寻找圆柱体。

2. 美工区：用长方形纸做圆柱体，利用圆柱体纸筒进行制作活动。

3. 体育游戏：赶小猪——用棍赶"小猪"（球体、圆柱体）。

4. 家园配合：引导幼儿继续寻找日常生活中的圆柱体。

一个数学知识点不是只依靠一个集中数学教学活动就能解决的，数学教育还应与生活、游戏结合起来。因此，教师设计了延伸活动，让幼儿在区角、游戏中进一步深入进行多方探索，持续积累经验，巩固所学知识；同时让幼儿回家寻找有关圆柱体的物品，进一步感受生活中的数学。

（王晓芬）

第五节　艺术领域

《喜洋洋》说课稿

一、说教材

（一）教材分析

《喜洋洋》是我国著名的民乐，为较典型的 ABA 结构三段式，节奏欢快轻松，充满喜庆氛围，是逢年过节、庆典活动经常播放的乐曲之一。根据大班幼儿对音乐要素的感知力逐渐增强，表现欲望较强的特点，巧妙地融入了"做汤圆"的形式，以幼儿生活经验为迁移，使幼儿在舞蹈中感受节日的气氛和乐曲的喜庆。

（二）活动目标

根据《纲要》精神和大班幼儿艺术活动的教育目标，我将本次活动的目标定位为：

1. 知识技能目标。初步理解乐曲的性质，尝试创编做汤圆的动态美。

2. 情感、态度发展目标。感受乐曲的韵律美，体验创编时带来的快乐。

（三）重难点

1. 重点：感受乐曲的美。

重点主要表现在活动第二、三部分：从情感体验上说，幼儿感受乐曲的美后才能体验创编动作的美，这是一个循序渐进的过程。教师运用各种教学策略帮助幼儿掌握重点，帮助让幼儿得到更多美的体验。

2. 难点：创编汤圆的动态美。

大班幼儿在生活中积累了一定的动作经验与生活体验，具备一定的运用身体动作表现音乐的能力。通过"做汤圆"这一生活化的律动创编模式，引导幼儿迁移生活中的动作经验，将之艺术化，并配上《喜洋洋》的音乐，使得幼儿的创编动作更具美感。

（四）活动准备

1. 知识经验准备：幼儿有搓汤圆的实践经验。

2. 物质准备：《喜洋洋》音乐、音乐图谱、做汤圆无声视频。

二、说教法

1. 直观形象法。教师拍摄幼儿前期做汤圆的实景录像，帮助幼儿回忆汤圆的制作过程，再利用现场听音乐画图谱的方式，有效地帮助幼儿感受 ABA 三段式的乐曲特点，帮助幼儿体验和感受音乐，激发幼儿独特的想象力、创造力和表现力。

2. 角色扮演法。在活动中，不管是教师或是幼儿都在扮演角色，幼儿从创编动作开始扮演汤圆，教师扮演煮汤圆的人，通过这样的师生互动，幼儿更能从简单的角色扮演中增强创编的兴趣。

三、说学法

1. 倾听法。从分段式倾听音乐到完整倾听音乐，让幼儿在不断倾听音乐的过程中感受乐曲的美，从而创编出和乐的肢体动作。

2. 经验迁移法。幼儿有了前期制作汤圆的经验，教师在引导幼儿回忆和再现汤圆的制作过程时，就能更好地帮助幼儿感受乐曲的韵律美，把生活中的经验迁移到创编活动中，体验创编带来的快乐。

四、说活动过程

活 动 环 节	设 计 意 图
一、谈话导入，激发兴趣 小朋友有没有吃过汤圆？谁来告诉我汤圆是怎么做的？	教师运用谈话法唤起幼儿对生活中经验的回忆，在创编动作环节幼儿才能把做汤圆的动作做得生动、富有想象力。
二、观看视频，创编动作 1. 观看无声视频，教师适当进行讲解。 包汤圆的过程首先是搓汤圆，接着汤圆放下锅煮汤圆，最后汤圆煮开了。 2. 分段创编动作。 (1) 创编第一段"搓汤圆"：老师手里有粒汤圆，现在看看汤圆在老师的手里是怎么动的？幼儿表现汤圆被搓的动作。 (2) 创编第二段"煮汤圆"：汤圆搓好了，怎么将汤圆放进锅里呢？放进锅里汤圆是动了还是不动了？ (3) 创编第三段，在水里跳舞的汤圆：水开了，汤圆在锅里是怎样跳舞的？请个别幼儿表演。"煮开了我们要把火关了，将汤圆捞起来，下面我们一起来表演跳舞的汤圆，听到我说'熄火'，你们就停下来。"	通过播放幼儿制作汤圆的无声视频，很好地再现汤圆团圆、入锅、煮沸的动态过程，再分段创编搓汤圆、放汤圆、煮汤圆，鼓励幼儿用身体动作表现汤圆的三个动态。这一系列的教学环节解决了重点的学习，为接下来感受音乐美、表现自己对作品理解的美预留了充分的空间。 创编汤圆的动态美是本次活动的难点，在创编活动中，我把重点放在表现搓汤圆的动态造型和表现汤圆沸腾这两个环节，利用语言和肢体动作的暗示，唤醒幼儿对生活经验的再现，将生活中的各种造型、舞蹈迁移到创编环节，丰富幼儿创编的动作。

三、随乐练习、熟悉音乐 　1. 第一次欣赏音乐：刚才小朋友表现得真好，老师给你们的动作配上一首好听的歌曲吧！ 　2. 第二次欣赏音乐，教师现场画图谱，幼儿感受乐曲快慢快的特点。 　3. 第三次欣赏音乐，教师结合图谱再让幼儿欣赏一次音乐。 　4. 幼儿随乐练习。 　（1）第一段随乐练习。 　师：小朋友想想，第一段（搓汤圆）可以做什么动作？师贴图谱，幼儿随音乐表演，在教师的"汤圆搓好啦"的口令后摆出造型停下。 　（2）第二段随乐练习。 　师：搓完以后要干嘛？（下锅）师贴图谱，幼儿随音乐表演，在教师揭开锅盖的手势后轻轻做出下到锅里不动的动作，教师搅动幼儿轻轻动。 　（3）第三段随乐练习。 　师：（贴图谱）水烧开啦，汤圆开始跳舞啦！幼儿随音乐表演，在教师的"熄火"口令声中摆出造型停下。 　（4）教师做捞汤圆状，幼儿回椅子。	本环节的重点是"感受乐曲的美"。教师现场画图谱帮助幼儿理解 ABA 的结构并随乐进行表演。教师通过 A 段随乐绘画频率密集的线条表现快节奏，B 段绘画用柔和的线条来表现慢节奏的图谱法帮助幼儿感受音乐的曲式结构，利用图谱与韵律的结合让幼儿更直观地了解乐曲的性质，感受到乐曲的欢快和美，也为幼儿随乐表现做好铺垫。
四、跳集体舞、体验乐趣 　1. 幼儿第一次完整表现音乐，教师运用图谱引导幼儿表演：刚才我们煮了一锅花生馅的汤圆，现在我们再煮一锅芝麻馅的尝尝吧。 　2. 幼儿第二次完整表现音乐：后面还有很多客人老师，我们再煮一锅请她们尝尝。	幼儿通过同伴互助、主动参与，融入乐曲欢快的氛围。通过"小汤圆"的角色表演，幼儿进行生活经验的迁移，主动地将日常所学的舞蹈动作运用到活动当中，充分地感受音乐，表现自身美，真正做到感受音乐美的同时表现美。
五、品尝汤圆、活动结束 　活动的结束：呈现汤圆出场，大家一起品尝汤圆。	在欢快的音乐中，幼儿分享甜甜的汤圆，这是对知识的巩固，也是这次韵律活动的升华，让幼儿乐在其中。

（王秀芬　蒋子娟）

《小老鼠捉迷藏》说课稿

一、教材分析

幼儿期主要绘画构图方式是并列式的，在涉及较复杂空间关系的物体时，常以透明的方式加以表现。如幼儿在画怀孕的妈妈时会将肉眼看不到的宝宝也画出来。但随着幼儿空间知觉的发展，我发现已有个别孩子会无意间运用物体相互遮盖或重叠的绘画表现方式。因此，让大班下学期的幼儿感受物体遮挡的绘画方式，是此年龄段孩子绘画水平的最近发展区。于是我设计小老鼠在粮仓前后躲猫猫的绘画活动内容，以此提升幼儿表现空间关系的绘画水平。

二、说活动目标

针对大班幼儿的绘画特点和发展水平，挖掘教材的教育价值，我设定了以下几个活动目标：

1. 感知物体前后遮挡的层次关系。
2. 初步尝试表现物体间多层遮挡关系的绘画方式。
3. 体验画面布局的审美情趣。

其中，我把目标"感知物体前后遮挡的层次关系"作为本次活动的重点。空间布局是绘画的核心，而布局的基础是感知，活动中我利用多媒体课件，让幼儿更形象地感知物体前后遮挡的层次关系。而活动的难点则是"初步尝试表现物体间多层遮挡关系的绘画方式"，目的在于让幼儿充分发挥想象力和创造性，大胆绘画，尝试表现物体间多层遮挡的景象。

三、说活动准备

活动准备为活动的成功开展提供了可能，在科学活动中材料的结构及投放很重要，它直接关系到能否构成问题情境的探究点，有时甚至影响到活动的成败。我为活动做了以下准备。

1. 课件：小老鼠捉迷藏。

2. 6人一组的画纸（中间已画有粮仓）、人手一份画纸、绘画材料。

四、说教法

选用适当的教学方法，能起到事半功倍的效果，依据《纲要》的精神和大班幼儿的年龄特点，我采用了以下教学方法。

1. 多媒体展示法。借助多媒体手段进行观察欣赏演示，效果简洁、生动，容易吸引幼儿的注意力。本次活动设计中，我通过多媒体课件的展示，让幼儿感受物体前后遮挡的层次关系。

2. 引导发现法。在活动中，我引导幼儿想想"要把小老鼠藏在哪个位置"，所用的方法就是引导发现法。教师作为活动的组织者，又是幼儿的引领者，要引领幼儿主动地去观察、去发现。

3. 个别指导法。在幼儿进行创作的时候，我个别指导一些绘画基础较差的幼儿，鼓励他们大胆尝试。对于能力强的幼儿，则引导他们使用多种颜色，达到有层次地教学的目的。

五、说学法

学法与教法是密不可分的。在活动过程中，教师要尽量营造宽松的氛围，激发幼儿内在的学习动机，调动幼儿的多种感官和已有经验参与活动。因此，在此次活动中，我引导幼儿运用到了以下学法。

1. 观察法。观察法即通过观察进行学习的方法。通过观察，幼儿既能形成准确的形体印象，又能把握局部的细节特点。而在观察中进行比较，则能让幼儿更加直观地感受不同的创作手法带来的不同效果。

2. 欣赏评价法。欣赏评价法指的是将幼儿不同特点的作品进行对比评价，肯定各自的特点。在本次活动的最后环节，我采用了欣赏评价法，在欣赏的同时围绕两个问题展开点评：

问题1："你最喜欢哪幅作品？为什么？"让幼儿在审美的同时自然地习得

经验，为下次经验迁移做准备。

问题2："你的小老鼠躲在什么地方呢?"让幼儿用语言将自己的绘画意图表达出来，达到分享和交流的目的。在这一环节，教师和同伴的欣赏与评价能让幼儿体验到活动带来的愉悦感和成就感。

六、说活动过程

整节活动的设计从幼儿的实际出发，符合幼儿的年龄特征以及身心发展特点，活动的结构环环相扣、层层递进。

(一)创设情景，迁移经验

1. 情境导入。

利用课件设置情境："今天，有一群小老鼠和小花猫在这个大大的粮仓旁玩捉迷藏的游戏，猜一猜小老鼠们会躲到哪里?"幼儿小组自由交流。

(设计意图：小组自由交流为幼儿绘画躲藏的不同方位做好思想上的铺垫)

2. 合作绘画。

幼儿六人一组，在教师提供的已画好粮仓的画纸上合作画出躲起来的小老鼠。

(设计意图：这一环节的目的是了解幼儿已有层次感经验和绘画水平。根据对幼儿现有绘画水平的分析，与实际的试教活动，幼儿出现了两种情况：(1)一部分幼儿还不会正确表现遮挡关系，呈现透明式的绘画效果;(2)个别幼儿已有表现遮挡关系的雏形出现。这一问题将作为本次活动的重难点加以解决)

(二)互动分享，感受遮挡

1. 移植复原。

幼儿交流"我把小老鼠藏在哪里"，并将白板上的小老鼠拖到画面的相应位置，复原自己在刚才合作画中的想法。

(设计意图：教师鼓励幼儿呈现小老鼠不同的躲藏方位，这样，不同姿态、不同位置的小老鼠所构成的画面，对幼儿接下来的绘画也是一种隐性的

教育因素)

2. 纠错修正。

(1) 发现画面中的不合理之处：被遮挡住的线条仍然出现在画面中等。

(2) 利用课件展现真实的遮挡视觉效果。

(设计意图：电子白板具有增减图像透明度的功能，可以让刚才这两种不同绘画效果的切换方便、快捷、有趣)

3. 个别尝试。

教师在白板上快速画出粮仓，个别幼儿尝试画出被挡住部分身体的老鼠。

(设计意图：个别幼儿尝试能够引发生生互动，分享成功经验，考虑到幼儿的身高原因，教师利用白板的屏动功能，将粮仓拉至合适位置。在幼儿画完后复位)

(三) 充分感知，尝试表现

1. 设疑猜测。

(1) 利用课件中的小猫，引发猜测："看看谁来了，小花猫发现了老鼠尖尖的小嘴巴了，轻轻绕到粮仓后，猜猜小老鼠会怎么办？"

(2) 幼儿自由发言，教师追随幼儿的发言，将其中一只小老鼠拖至粮仓前。

(设计意图：小猫的出现，是为了转变粮仓与老鼠的遮挡关系，让原有的两层遮挡关系提升至三层遮挡关系)

2. 多层遮挡。

幼儿再次发现并纠正画面中的不合理之处，充分感受物体间多层遮挡与被遮挡关系。

3. 分层聚焦。

(1) 幼儿自由交流：画猫和老鼠在粮仓旁捉迷藏的画时，可以先画什么，再画什么，为什么？

(2) 教师小结提升，并用电子白板的聚光灯功能演示正确的绘画顺序。

(设计意图：这一环节不仅是活动的重点，也是活动的难点，ppt 课件和白板将在这个环节发挥重要的作用，两者的灵活切换和综合运用将巧妙地突

破活动的重难点）

（四）大胆创作，欣赏分享

1. 自主绘画。

幼儿以个体为单位，独立、大胆地进行绘画，教师巡视并鼓励幼儿展现不同遮挡关系、不同动作姿态的画面。在此过程中，教师用相机随机抓拍幼儿成功的作品。

2. 相互欣赏。

幼儿相互欣赏各自的作品，然后展示绘画过程中教师随机抓拍的成功作品。

（设计意图：猫捉老鼠的游戏情节，不仅形成了两层至三层的遮挡关系，其情节的趣味性也促使幼儿展现出丰富多彩的画面布局）

（五）游戏延伸，结束活动

教师带领幼儿到户外进行猫捉老鼠游戏。

（连萍华）

《四小天鹅舞曲（音乐欣赏）》说课稿

一、说教材

《四小天鹅舞曲》选自柴可夫斯基的四幕舞剧《天鹅湖》中的第二幕舞曲，该曲是舞剧中最受人们欢迎的舞曲之一，音乐轻松活泼，节奏干净利落，形象地描绘出了小天鹅在湖畔嬉游的情景。音乐的 A、B 段交叉反复，是明显的单二部曲式结构，八分音符奏出活泼跳跃的伴奏音型，以二重奏的形式奏出轻快的乐句，形象地刻画了小天鹅天真活泼可爱的形象，显得十分有趣。根据《纲要》中班艺术活动发展要求"自然、愉快地唱歌，能随音乐做游戏、表演、自由舞蹈等，体验音乐活动中交流合作的快乐"，我在活动中以幼儿为主体，重视通过"观察—体验—发挥—现象—表现—创造"来进行音乐欣赏活动。

二、说活动目标

根据音乐欣赏的分类目标，以及中班年龄段音乐教学目标，同时考虑音乐对幼儿的可感性和可接纳性，我制定了本次音乐欣赏活动的具体目标：

1. 能安静倾听音乐，初步感受单二部曲式结构，通过音的高低、快慢、长短等音乐元素感受音乐的轻快、活泼。

2. 能创编动作表现轻快活泼的音乐情绪和快乐的心情。

3. 体验和同伴合作舞蹈的快乐。

活动重点：通过音的高低、快慢感受音乐作品轻快、活泼的情绪。

活动难点：能够自主、即兴地创编动作表现与之相应的音乐作品的情绪。

三、说活动准备

经验准备：已有欣赏活动《天鹅湖》的经验、到动物园参观过天鹅，对天鹅有初步的了解。

物质准备：《四小天鹅舞曲》MP3、天鹅手偶、班级布置成天鹅湖背景、装有信和 CD 的信封一个。

四、说活动过程

（一）教师出示信封启发幼儿兴趣，导入本次活动主题

今天，老师收到了天鹅姑娘的一封信，邀请我们一起去参加小天鹅的舞会，我们出发吧。

（二）幼儿安静倾听音乐，感受乐曲轻快活泼的性质

1. 教师出示天鹅姑娘手偶并提问：刚才你们参加舞会听到的音乐好听吗？你们觉得这个音乐听了怎么样呀？让我们来认真听一听。

2. 幼儿第一遍安静倾听音乐，引导幼儿大胆说出自己的感受。（速度很快、一跳一跳的）

3. 再次倾听音乐，请幼儿跟着音乐一起小声哼唱。教师提问：你们觉得小天鹅在做什么呀？从哪里听出来的？为什么？（引导幼儿从音的高低、快慢

来说出自己的感受）

4. 教师对比哼唱乐曲，引导幼儿感受同一乐曲高低音、快慢节奏对比的不同情绪。

（1）教师用慢拍子哼唱乐曲和用原来的速度进行哼唱进行对比，请幼儿说说两种音乐所表现出的不同情绪：慢节奏感觉天鹅在游水，快的节奏感觉天鹅在跳舞。

（2）教师用低音哼唱乐曲与原来的乐曲哼唱相对比，让幼儿感受低音和高音表现出的不同音乐情绪：低音感觉很粗，不像天鹅像很笨的熊，高音感觉很像天鹅轻轻的。

总结：这首乐曲感觉像一群美丽的天鹅在跳舞，而且跳的是很欢快的舞蹈。

（三）参加"天鹅的舞会"，在音乐伴奏下引导全班幼儿边听音乐边自主跳和音乐一样"又轻快又活泼"的舞蹈

1. 这首乐曲叫《四小天鹅舞曲》，小朋友们都觉得乐曲中的高音和快节奏听起来感觉就像天鹅在高兴地跳舞，而且跳的是欢快的舞蹈。现在我们要和小天鹅一起跳舞啦，请你们自己编动作来表演，你们会怎么跳呢？请小朋友一起跟音乐自由发挥。

2. 请几位小朋友表现一下自己设计的动作。

（1）其中一位幼儿用双脚跳跃的动作表现小天鹅在跳舞，教师故意用很慢很重的动作和他一起来表现这段音乐，请幼儿看一看再说说自己的感受。幼儿感受到音乐很快很跳跃而教师的动作很慢很重非常不协调。音乐很快、很轻，所以可以双脚跳跃来表现，而且是轻轻地跳。

（2）四只小天鹅一起跳舞可以怎么跳？手可以怎么表现？手拉手，手叉腰，请大家一起手脚配合表演。

（3）请小朋友一起来选出其中的三个动作作为这个乐曲的舞蹈动作进行表演。

（4）幼儿在音乐伴奏下与同伴配合进行表演。

（四）感受乐曲结构

1．教师请幼儿带着问题边听边哼唱音乐，说说哪两段音乐是一样的，帮助幼儿理解、感受单二部曲式结构 A\B。

幼儿总结：头尾的音乐一样，中间反复的音乐也是一样的。

教师总结：这是单二部曲式结构，头尾一样，中间一样。

（五）延伸活动

将 CD 投放区角让幼儿继续欣赏合作表演。（通过不断听一听、动一动、看一看的观察—体验—发挥—现象—表现—创造继续欣赏音乐）

（施厦英）